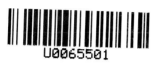

心一堂術數古籍珍本叢刊

書名：秘鈔本鐵板神數（三才八卦本）（四）
系列：心一堂術數古籍珍本叢刊　星命類　神數系列　第三輯　298
作者：舊題【宋】邵雍
主編、責任編輯：陳劍聰
心一堂術數古籍珍本叢刊編校小組：陳劍聰　素聞　鄒偉才　虛白盧主　丁鑫華

出版：心一堂有限公司
通訊地址：香港九龍旺角彌敦道六一〇號荷李活商業中心十八樓〇五—〇六室
深港讀者服務中心：中國深圳市羅湖區立新路六號羅湖商業大厦負一層〇〇八室
電話號碼：(852)9027-7110
網址：publish.sunyata.cc
電郵：sunyatabook@gmail.com
網店：http://book.sunyata.cc
淘寶店地址：https://sunyata.taobao.com
微店地址：https://weidian.com/s/1212826297
臉書：https://www.facebook.com/sunyatabook
讀者論壇：http://bbs.sunyata.cc/

版次：二零二一年五月初版
平裝：四冊不分售

定價：港幣　八百八十元正
　　　新台幣　三仟八百八十元正

國際書號：ISBN 978-988-8583-87-4

香港發行：香港聯合書刊物流有限公司
地址：香港新界荃灣德士古道二二〇—二四八號荃灣工業中心十六樓
電話號碼：(852)2150-2100
傳真號碼：(852)2407-3062
電郵：info@suplogistics.com.hk
網址：http://www.suplogistics.com.hk

台灣發行：秀威資訊科技股份有限公司
地址：台灣台北市內湖區瑞光路七十六巷六十五號一樓
電話號碼：+886-2-2796-3638
傳真號碼：+886-2-2796-1377
網絡書店：www.bodbooks.com.tw
台灣秀威書店讀者服務中心：
地址：台灣台北市中山區松江路二〇九號一樓
電話號碼：+886-2-2518-0207
傳真號碼：+886-2-2518-0778
網絡書店：http://www.govbooks.com.tw

中國大陸發行　零售：深圳心一堂文化傳播有限公司
深圳地址：深圳市羅湖區立新路六號羅湖商業大厦負一層〇〇八室
電話號碼：(86)0755-82224934

心一堂微店二維碼

心一堂淘寶店二維碼

離婁

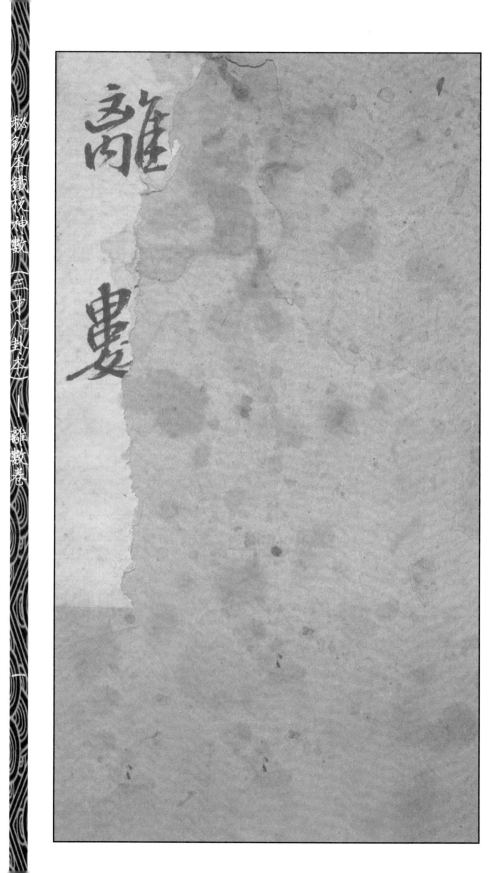

八千零

零 一 二 三 の 五 六 七 八 九

十九卅 花開半夜催風雨 月到中秋舊被云

一千九二十 缺月多疎星 花殘枝又新

五千二 滄湘湖工水 危有洞庭人

二千九卅 虽無切已之灾 心有闷心之患

原来剋剥一生多 帮助恩来半点無

卅一二 天喜臨位 教读得子

一十

九 八 七 六 五 四 三 二 一

廿八乂 忌取非常泉 須防不測西

廿の三 莫為一时利 須知文處凶

廿の三 濁浪震天波 偏舟未易過

十ス口 淡云迷宇宙 春霧鎮乾坤

命犯奄亮 迎新送旧

卅八乂 未逢不学休回首 此去加鞭任意行

虽然是個裙釵女 机变聰明到也能

五十ス口 江心無意下魚鈎 五尺金鱗已上鈎

二十

一 二 三 の 五 六 七 八 九

の十九 千

半生犹苦半僧道
半世孤单業未成

廿二

東方日出照乾坤
萬里江山爽氣清

先天數定
子情腹內夫亡

廿 大口

浮处逐防失
病中亦有盈

二千 卅九

蹇民運逐通
否過終成泰

五千 大口

撥開荊棘路
剔起暗中燈

廿 大口

耒往丗常
大事虛耗

三十

一 二 三 の 五 六 七 八 九

一　姊妹六人　榮枯各別
二　兄弟二人　父母不全
三　姊妹七人　榮枯不一
の　三十の九　賴有吉神相扶　喚醒春雷醉夢
五　卅二　流轉逢世氣　陰陽有准繩
六
七　卅の三　一神退了一神進　吉裡藏凶幸不幸
八　廿三　一心奔走南北游　誰知路道有西東
九　卅の三　馬走長途逢力倦　舟行逆水怕風吹

四十

一 卅二 人世闹乱春風意 却被妻風闹乱人

二 卅二 随机应变世深禍 騎馬平康福自增

三 の十二 進退皆世定 守旧必世灾

の 成家之婦 可乘夫权

五 卅九 の十 旋風浪捲舟 可知着力处

六 の十六 今歲鴛房天喜動 教畫啾唧有持支

七 狂歲多成敗 荣華在晚年

八 千十二 登臨高处 眼界極清云

九 の十三 の非 画堂屏威何足惧 盃中蛇影 驚

五十

一 二 三 の 五 六 七 八 九

四朵桃去一樹生　　參差姊妹　戊春

卅入日　眉頭展不開　　風生云起雨送來

姊妹五人　　原來有數

十二　可惜花開处　　天宮嘆不常

の十二　錦繡花開洞房　　笙歌声裏有驚惶

卅九 卅九　不是舟人柔不才　　江郎風逐实难開

苦也能堅守　　終当立大節

平入日　流年不帶看花眼　　不是愁中即病中

六十

一 二 三 の 五 六 七 八 九

六千十九 苦尽甘来 耐心咀味
六千十二 終成猿声笑 征夫不忍闻
十八七 嗟之未已 怨之继起
數定于季冬 有阻
卅八七 溫之花工震 須刹見朝陽
四千十二 長夏凉風 中秋月色
父命丁巳生 前定
四千六四 葵花偏愛日 日色被云遮

七十

一 二 三 の 五 六 七 八 九

三從四德皆堪羨 他日夫君似 梁

十二 宿酒困人 几多顛倒

の十ㄨロ 棄客為有憂相逢 憂也难逢旧音容

の十二 天旱望甘霖 俄然雨施來

廿ㄨロ 十分春色 東風嘹唳夜枕空空

虽然是個裙釵女 机變聰明勝丈夫

の十三 の三 高山欲尽處 轉之路又通

卆十九 卆九 賜命從天降 承恩寵眷深

八十

一 二 三 の 五 六 七 八 九

當祖立成好事業　一雙白手掙黃金

卅ㄨ日　石上有破鼓之声　当此戒重

の千八七　昔年弹劍食無魚　弾劍于今出有車

一千八七　庭竹長兒孫　步步風雪裡

穿州過府為生計　出外經商遇貴人

の千千九　天運循環　時来運至

卅八七　無心渴牛　其牛重尾

五千の三　別有非当道　青龍到玉墀

の千の三　日逐無憂　時常歡笑

九十

一 二 三 四 五 六 七 八 九

十八五 盤旋而進 利見大人

四十八口 五月榴花放 却被狂風吹

五十一二 風云相会处 穩步上青霄

十八七 江頭昨夜報潮生 清早樓頭看景云

四十一二 才堪服衆 方显其能

昔年閨閣多豐足 今日夫家洗甑塵

五十八廿 祥雲瑞氣 洋溢管弦中

兄弟九人 數定

	一百零	一	二	三	の	五	六	七	八	九
			廿三の			平二	十廿九			の十平九
	心行慈善	日夜弥陀	清早鵲帰弟井烱	送終却是頓鈴子	碧潭照月禪心静	飛来柳絮白如棉	山高水深	孤神坐命星清標	真子不如假子強	奪得錦標帰
	女中菩薩	終朝孔佛	朦朧柳色正堪眠	桃李枝工菓未成	白石清泉隠趣隹	山北山南帰杜鵑	舟車未易行	半等優遊半喜労	烏鵲巣裏哺鴛鴦	量文章之

二百一

十 一 二 三 四 五 六 七 八 九

五十八七 四十〤四 六十二 廿四三 卅二一 廿〤四

破鏡復圓　光明不滅
大鵬生六翮　其羽可高飛
亢事可圖謀　善終而善始
夫妻未能齊白髮　子規啼血斷人腸
紅塵百花妣　蜂蝶兩交加
人事多齊　祇多惆悵
啾唧復啾唧　黃昏四壁蛩聲織
父命先亡母後亡　未交十歲兩分張

二百二十

一　二　三　四　五　六　七　八　九

卅八七　卅ス口　四十二　　四十ス口　卅ス口　七十四三　四十ス卄

心存念佛　志向佛門
鵲噪高枝工　頻頻報喜來
生斷江波勢渺茫　行人欲渡有徬徨
火滅烟消情默默　驪龍項下得珠难
春盡蜂飛天外去　一身孤雁不斜陽
花同青艸連根疲　柳爲風飄帶雪飛
南園花朵　遲早來全紅
秋露成珠　團圓不久
危橋已過休回首　此去前程路又通
对月可憐孤仰生　秋風一雁已飛

百三十　一　二　三　四　五　六　七　八　九

一千八百四　心內西方　身不能到、
納粟向前程　不足朱衣拜紫宸
四十一二　一輪明月蝕　日光無藏吉
今歲惡星纏我度　號過灾厄延十年
後運交來危叢違　恍如古鏡再重磨
五千三四　人事蹉跎年復年　凄凄風雨聽啼鵑

一百四十　八字生来格局清　為人磊落更超羣

一　卅八化　江山有新色　牯眼見云封

二　卅六四　登山路如錦　花红柳未誇

三　若然異路向功名　羊觸猿猴可進程

の　花红葉落子森〻　二十餘年大發興

五　石工芝蘭根腳淺　全憑陰德始牢堅

六　七十六四　静守方無咎　提防破耗侵

七　少年勞碌受奔波　財去財来耗散多

八　妻招金石方為美　偏正方能到鬢霜

九　云收雨散　晴色上簾鉤

一百五十

一　四十大口
漫〻柳絮隨風舞
疑是梨花 亘飛

二
青囊一卷受來真
全活中州已萬人

三　廿四三
且圖安樂处
莫戀百花叢

四
兩字功名毋介意
人間生意自豐盈

五　廿大口
披麻星臨
棲庭一夜被風殘

六　七十九十八
東裝西去
南嶺落星辰

七
安心不向青云路
樂享田園作富翁

八　六十大口
一直扂云起
畜成雨後風

九
見識高強衣祿週
女人卻有丈夫謀

一百六十　廿の三　烏鴉喜鵲同林　白帛青鵝共路

一　千六八　紅黃凋落　春色半欄杆

二　茶重人輕寿積人心　此年闖過活十五年

三　月缺又團圓　花開另一天

の　千六二　亞事又成吉　名利兩悠悠

五　の千二　凬光今日尽　豪杰此时休

六　妻小二十七年　前定

七　の千九　妃央失偶　誰知蝴蝶怕秋凬

八　廿二　舟次浪空翻　洞庭春色空空

九　七十二　春光遠眼帰西去　一夢南柯去来

一百七

十　廿の三　有祿有財休久戀　當行当止　思

一　好酒貪花　到处留戀

二　知君多合高人意　口直常招小輩嫌

三　卅中九　得之意外　妻凤相待

の　一千の三　怕看後浪催前浪　總見花開又落花

五　一千二　朝廷多薦拔　廷轉有声名

六　廿二　莫道上元灯好看　更防凤雨要时来

七　性愛凤流得意多　向去托酒費吟哦

八　一千又五　白髮又添新氣象　朱顏不改旧精神

九　十八七　月昇云又淹　花發遇狂凤

一百八十

一 二 三 の 五 六 七 八 九

二十九 卅九　七十 四十八

一　見喜能消晦　祈天可保身

二　鵶鳴屋角　吉内藏凶

三　莫言碧五藏頑石　終逢貴眼達人欽

四　言和氣傲　性急心惡

五　早年未遂　末運亨通

四十九 四十九 卅三 四十

六　漸漸空威退　有有拙氣生

七　艸堂人散後　烛影怕風搖

八　多是多非多積蓄　有勞有苦有財能

九　操持三大節　劈劃丈夫心

二百九十

一　二　三　〇　五　六　七　八　九

五十の三

の十ス午

卅ス午

卅ス午

〡十一二

一生勤儉　　勞勞碌碌不閑

無憂季子十年前　　斗大黃金時下愚

梅花過出群　　清光有瀟洒

有喜無灾咎　　無歡必有殃

虽多煩冗事　　利祿勝當年

不知分量　　拔引奇禍

掛劍有人懷季札　　抱琴何處覓鍾期

耕種無財　　生涯有利

二百零

一 二 三 の 五 六 七 八 九

廿八七

十廿九 廿八七 五十十九

甲子之年
久雨不能晴
早運艱難中運宜

鵲橋逢再遇
烏鴉耶上叫
林畔聽操琴
走逢遙徑
洞結曾飛散

春場報捷
逢庚定有日
名利成立有何疑

花燭又重開
有驚而無害
經斷不知音
事皆憂悶
抛疑得子

二百一十

一　二　三　の　五　六　七　八　九

の十九　老梅遇雪未逢春　枯木逢春色又新

廿八七　涼風吹到登陽台　煩熱消除爽氣來

の十二　暖律回春　芳草自含春色

の十三　の八　困來宜謹慎　枯木奈年窮

翁先去世　屬豬姑命壽元長

廿九　の十　萬物謀為皆入計　四時佳興可遨遊

二百二十

一 二 三 四 五 六 七 八 九

一千大口　有錫不須憂　時当大利看

七十大口　春深莫怨昔顏色　最喜桃花噴大紅

一千八七　春風新雨後　艸色遍交加

夫大三十二年　合數

一千二　室中活旧也徒悲　大數难逃空悵然

卅八七　千江有水千江月　禾里無云万里天

卅大口　夜靜坐青天　優悠樂意閑

數有十二子　送冬八子

二百三十

一 二 三 の 五 六 七 八 九

荷花魚满沼 此夕是帰期

廿〤 ス〤 杜鵑啼血悲莊子 月上四更時正哀

廿八乚 東風一陣 满池紅花

治家有勤儉之能 爰子有斷机之智

廿ス〤 雨驟更風僝 相看吹牡丹

〤十〥〢 一年又一年 人事又羞未可言

卅ス〤 簷前鵲噪喜重〻 憂處潛消理自通

今朝欲托平生事 覓渇頻聆徒俊賢

〦十〤九 止是同林之鳥 可惜雌者先傷

〥十八乚 血涙沾濡 楊花歷乱子規啼

二百四十

一 二 三 の 五 〦 七 八 九

向人前能言能語　操中饋善作善為

三八年末運始通　成家立業事和同

卅三の
中流遇淺　潮水有待

性巧心靈優質氣　治家節儉有餘能

好花富人家　未若貧而樂

雖然是個裙釵女　不着頭巾實丈夫

卒九平九
冬林忽晴霽　有象盡欣顏

の十八
楊花飛舞　杜鵑悲秋

二百五十

一　二　三　の　五　〦　七　八　九

二十の三　蔗味有甘　咀之不厭

の十ス4　淑氣動搖　現出豪華物

の十の三　牽綱得魚　分清相忌

父命丙寅生　合数

妻小二十五年　前定

の十八七　花外鳥声歸　春來芽艸肥

卅八七　池畔撫琴　遊魚出听

命主恩榮　曾取少年及第

二百六十

一 四千六八〇 危橋之下險难言 有命從今事不全

二 廿卅九 虎兕出于押 匹夫不敢行

三 六十千九 一輪明月蝕 自覺吉藏凶

四 妻小二十一年 註定

五

六

七 五千千九 吉曜相扶 榮加勅賜之恩

八 卅四千九 心正從中道 所費得太平

九 廿卅九 有財有用未逢時 多少昂沉未所思

二百七十

一 五十七八 軒輕颺清風 虛心皆自濟
二 の十ㄨ〤 弄來寬竟不如閑 回頭及早学伸仙
三 乘舟渡日月 天表擾烟霞
の 五朵桃花 荣枯各别
五 〡十七十九 飛脊來臨自速其禍 官法如炉ノ死于殺命
〡〢 の七之年道已通 喜財並進樂其窮
七 の十の十九 縱然風捲浮云 放出中天日色
八 伯道其児天意 幸遇犹子唱畜歌
九 〡十〡二 旧恨新愁且休閒 須知至此復安荣
洞房荣枯事 花燭謝遲間

一百八十　一　二　三　四　五　六　七　八　九

早十八九　　卅二　卅三四　　十二

春花三朵　各自荣枯

早歲顛連未有成　晚年風景自安荣

風吹云散日光華　枯木開来有好花

姑節屠鷄　定数

不遊孔子之门　乃讀蕭何之律

正要賞花天又雨　急忙下釣水生冰

一枝杏花紅連堤　皇都得意間

雲霧侵明月　風雷遮日華

二百九十

曰刀筆而真家　　曰刀筆而破家

一	の千ㄨ口	得人相贈处	掙地有黄金
二	二千十ㄨ口	慈航普渡	早登菩提
三		晚年增福	有子振家声
の		姑命属大	定数
五	の千十千九	前頭防阱	掙過坡嶺
六	の千八七	風捲浮云去	天開日漸明
七			
八	七千十千九	黑云遮天	空中墮石
九	十帆	喪门相鱼	棟梁傾頹

二百零

一 二 三 四 五 六 七 八 九

十八七
廿三
二十九
四十九

見喜無災
好生描翠黛
老將勝黃忠
莫怨當年讀一經
其年延過

徹夜風雨
其年延過
姑節屬猪

祈福免患
曉露濡芳怯
安然立大功
鼠頭牛尾便飛騰
还有一紀

吹落梅花片片飛
还有一紀
數定

三百一十

一 四十八七 錦上添花 倍增其彩

二 四十六五 时逢方来 謀為有寧

三 兄弟三人 仝母不仝父

四 五十一二 是是非非来有寧 東撑未久又西撑

五 结数已定 帰于臘月

六 姑命屬猴 定数

七 四十八五 諸吉影至 財源滾滾而来

八

九 九十 鸚鵡在金籠 声嬌不自由

三百二十

		兄弟四人	仝母各父生
一	卅八乂	狂謀圖進用	枉費竟無功
二	の十九 平十	声名光宇宙	皇都渴意圓
三			
の	口十二	人不追黄堂	黄堂隨人歸
五			
六	卅入十	終朝号泣于天	子结玲瓏蕊
七		兄弟六人	仝氣不仝心
八		芝蘭因種德	却義滿庭芳
九	口十九 平十	守業安居	無危獲吉

三百三十

一 廿〤〥 好將短手兆長事 莫听傍人說是非

二 廿二 狂風吹竹 搖動茅屋

三 父命丙戌生 註定

四 四八之年美運通 倉箱稻盈富當隆

五 云淡月明 花開雨晴

六 卅四三 漏滴声轉午 槐陰影正中

七 四十〤〥 夫生季月 方准此數

八 到處交情容易投 春風馬上貴人留

九 猿笑山頭 小口有憂

四十二 山高水深 虛名精人

一 二 三 の 五 六 七 八 九

夫亡水争　　合数

十八七　细雨湿衣看不見　閒花落地听無声

の十八七　廊庙瑚璉器　室中玉生輝

二十十九　貴德相期便可從　庭前枯木鳳来棲

口十乂口　月落寒红　一層一層

の十乂口　知音提携西南去　杖拾江山入画圖

の十十九　野渡自逢舟　先旁而後裕

十乂口　昨宵雨過蒼苔滑　休向簷前陰处行

廻大之性　偏不讓強人

三百五十

一　二　三　四　五　六　七　八　九

一千八七

卅八七　一千六四　卅二　四千九

謝安選勝東山　終朝濤海吟詩

運宜先退讓　方可免灾侵

獲得金鱗罷釣歸　江頭月落夜眠遲

春來芳艸依然綠　雪裏梅花色更妍

山空月冷猿声切　林遠風高鳥倦飛

妻小十七年　前定

花開石上　结菓也無收

二百六十

一 二 三 の 五 六 七 八 九

の十九 卆

有祿有財暖晚景　無憂無慮樂昇平

不進須當退　方無眼下愁

忠厚立身　天賦之性

妻小十八年　數定

廿九 卅

日出被云遮　時下光輝掩

の十六 八

陰山有積雪　三丈白雲飛

の十九 卆

彤云密佈　飛舞梨花

廿九 卅

掙過一程皆利坦　行為何事不勞神

三百七十

一　　姊妹二人　花開二朵

二　卅四三　小盈有大虧　孤云終出嶺

三　　恩中招怨　義处生非

四　廿一二　瑤琴絃斷　一曲関雎韻未終

五　　妻小十六年　注定

六

七　四十四十九　紹祖宗之箕裘　啟後人之事業

八　　洛陽地理遨遊　行李蕭然一敝裘

九　四十不丹　三兩枝花方結實　百千頭緒未開懷

三百八十

一 二 三 四 五 六 七 八 九

廿八 哀〻泣〻 刑傷之時

四子居猴 前定

廿八七 亘火如龍淵 其室有蘭玉

妻小十九年 註定

兄弟四人 我独居三

十廿九 妻暖桃花 色艷芳帅

生前乳哺方成約 永別方知有阿孫

三百九十

一　二　三　の　五　六　七　八　九

廿卅九　寸陰惟我積　稼穡為君謀

廿卅九　掃盡長空　放出蟾光皎潔

九十旧九　老樹落葉　歸于本根

卅ス中　竹密不妨流水去　山高豈礙白雲飛

二千二　百福駢臻　春風洋溢

五十の三　海棠着雨　洗去胭脂色

二千ス中　江南十日九風雨　紅杏枝頭久好春

卅早九　正宜展翅向前去　好個声音處處聞

卅の三　平途過馬　順水行舟

四百零

一 二 三 の 五 六 七 八 九

十の三
柳色乍生新浦綠
花將開發旧時紅

の十九 早十九
琵琶江上曲
田首動悲愁

日十二
陽氣復來先报喜
雪餘吹送賞紅梅

の十七 八
時当久旱
俄然一雨施

六十八七
桃李春風重爛熳
芙蓉秋景正光華

一十八
崇高富厚
五福咸備

四百一

十 一 二 三 の 五 六 七 八 九

一〢十七八 の十口十九

四子属虎 合数

母先辞世 抱恨终天

卞和献璞玉 先辱後荣身

山深路遥 樵人指引

蒼蛇出海 波涛評潮

父土母木妻火生 合数方准

四子属馬 合数

四百二十

一	卅二	田禾有稻	財帛增多
二	廿又十	騎馬走長途	不如牛背穩
三	廿八七	履進不履退	固守可得康寧
の	廿の三	賴有貴人得相合	驚惶之处不為凶
五	五十二二	浮生驟散云相似	往事如今夢一場
六	の十八七	今朝歇作歸程計	淌眼尽是空流泪
七		四子屬虎	前定
八	平十八七	山南山北杜鵑啼	句句頻頻喚客歸
九	五十の三	雨過開晴	及时行樂

四百三十

一 二 三 の 五 六 七 八 九

六十二 七十三の 卅九 の十 五十 ス廿

三子属猪 合数

夜雨正逢妻 宇宙生和氣

良田種松菊 節操自盤桓

須防口舌易成功 不関已事也当遲

夙恬浪静 便好行舟

四子属鼠 合数

四百四十

一 二 三 の 五 六 七 八 九

二千七十九

有子送老
偏房所出
坐暗室中
流營煌耀
若逢牛鼠前途去
一路安然事事亨
妻小二十妻
合數

五千八十七

息把陰功祈善保
怨字無心一在頭
命主田祿之究
前生已定

の千十二

云雷星斗現
石路馬歸輕
好成人美事
偏引迷結多

四百五十

異路功名有分　登科榜上有名

數	號	詩
一	の十十九	旅人岐路測　停馬対斜陽
二		
三		此命運逢多享蓄　堆金積玉滿倉箱
の	廿の三	待之宜謹慎　終可免他非
五	卅十九	紅鸞加白虎　吉処変成凶
六	の十の三	入耳秋声　音人悲緒
七		數有偏枯　良人帯疾
八		
九	七十六	白虎現形　其年有刑

四百六十

一 二 三 の 五 六 七 八 九

六十五四 六十八七 廿八七 の十八七 の十五四 六十五四

桂樹花開結果遲 枝梢有實最稀奇

殘財耗散 似雪洗湯

子孝孫美 所樂無拘

鬼患須防 見机無害

所需今已得 有歡盡遂心

枯死非命 大數當逃

救該絕处 今朝早作歸程計

不憂不懼 無害無災

四百七十

一　七十八七　歸隱歡娛事足　兒孫遶膝送歸西

二　壽有六旬六歲　最怕潼関之阻

三　二十乂丹　功成業就　拱手安居

の　の十二　前途自有吉神延　任有波洋忌浔前

五　卅乂丹　一陣輕風從地來　芰荷香送滿樓台

六　十八七　寒温失所宜　灾星自相隨

七

八

九　善治管弦　能調音樂

四百八十

一 卅スロ 绿添水减处　鳥鳴在枝頭

二

三 日十二 楊花歷乱空中舞　疑是漫漫白雪飛

の 廿八 謹守終無咎　灾消禍亦消

五

六

七 卅の三 枝持定見功成日　凨捲云甪計從容

八

九 の十二 皇都春正麗　直到鳳凰池

四百九十

一　二　三　の　五　六　七　八　九

卅二

欲向歸程路　滿堂見女送歸西
得意馬蹄輕　踏遍長安春色

廿八七

楚樹吳花景色鮮　燕飛鶯舞艷陽天

廿の三

本是光風霽月　却防別岫云迷
用剛求速進　慾盜日消磨

十八七

輕云核日工　秋風送潮來

八千五百零

零	〥十〤〥	財来遂意	謀事如心
一	〩十〨〧	穷愁相对	止是彩难时
二	廿〩〣	登楼玩月	東烛吹箫
三		母命戊辰生	数定先天
の	〥十〩〣	東来西就	日進月新
五	卅〤〥	杜宇南枝半夜啼	高堂楼树晚风吹
六	卅〩〣	风阁就楼去有家	高衢前進莫嗟吁
七		翁属牛	姑属兔
八		十一子属土	合数
九	卅〤〥	錢財騄发	千潮洶溢江刂

五百一

十 廿ス口 门户常相守 春風入户空

一 卅八七 緣木求魚 必不可得

二 九十 笋生于林下 長養自萌芽

三 廿八四 月初微見一痕生 虽到中天也未明

四 卅二 或泣或悲 山鷓相離

五 六十八七 寡營自在翁 安居喜氣臨

六 （無） 貴人指引徘徊路 羊角秋秋自有梯

七 卅八七 陸地行舟 徒費精力

八 卅四三 其年突臨 禍及房君

九 四十四三 可惜桃花將謝地 吩咐東君且慢吹

五百二十

一
隹樹開花結果遲
枝梢有實家相宜

二
〦千〤三
錢財耗散
烈日融霜

三
〦千十九
子孝孫哀
所集無拘

〤
卅八七
烟云朝会
日色無光

五
五千十二
恩惠預防
見机無害

〦
〤千八七
所需今已得
有欲尽從心

七
七千十二
愛敵天工鼓
跣足履冰霜

八
〤千十〤千
教訣絶处
今朝早作歸程計

九
〦千十二
不憂不恨
無害無災

五百三十

十　の千八七　溽暑既消　兩腋生風

一　卅スロ　盖因流水落花　多少幾事傷心

二　廿二　笋長南園过旧竹　花開工苑勝仙花

三　千スロ　功成業就　拱手安居

の　卅八七　前途自有吉神逓　信在白羊城一座

五　卅スロ　一陣狂風漫地來　芰荷相送淘楼台

六　五六　寒寢失所宜　突有自相隨

七　廿の三　風急有舟休喚渡　月明無伴莫孤行

八　廿の三　心中有事唯言　逢人强笑向前

九

五百四十

一 十二 緑添紅塵処 鳥帰花落天

二 十一子属大 前定

三 七十三の 楊花柔乱舞空中 总使繁華也枉然

の 廿八四 謹慎終無患 灾消禍不消

五 庚亲未表母分离 再添他人又結福

六 根基少倚还重立 財帛生涯自挣成

七 十八七 扶持欲見功成日 云開月景自從容

八

九 遅日皇都春日麗 馳身直到鳳皇池

五百五十　十ヽ二　天恩未振　戾氣早已付崑崙

一　長子屬金　前定

二　の十ス日　綠楊烟鎖半黃昏　愁聽樓頭杜宇声

三　廿八七　楚樹吳花景色鮮　燕飛鶯舞日和天

の　數有金木子　合數

五

六　長子屬木　合數

七　廿ヽ二　本是光風霽月　却防別岫云遮

八

九　の十ス日　彩云扶日工　秋水送潮來

五百六十

一　廿二　隴頭消息报春来　日暖春潮信早来
二　卅四三　水边难進步　進步不須停
三　九十　小鲜生明珠　莫戴緑楊津
四　四千四千九　枯楊生緑色　冬去見春回
五　六千六千九　鼓笙而歌　日暖和風
六　六千〤日　潟工宸高楼　春边景色收
七　四十二　太陽行月杪　罗计掩其光
八　卅四千九　其年大梅　表及戾親
九　卅〤日　自然春不利　平步工青云

五百七十

寅丑在石
良工顧聘

一
三子屬鷄
前定

二 丑十九 午九
曉風吹芍藥
預藥避風台

三 卅八 八七
花正開時蜂正團
連宵風雨葉披离

の
有阻亦有節
先憂後必昌

五
六亲少靠这难得
勤儉之中慶有餘

六
救有土木子
合數

七 卅二
流水亦有突
床前床後鬼相猜

八
威風東烈馬
開看六韜文

九 の十 又卅
流水虽有害
終是吉無疑

五百八十

一　二　三　の　五　六　七　八　九

の十九　雲開日色艷　風靜竹枝要

の十二　綠云星現　時進廷榮

姮娥生桂子　月缺又同情

三　紅蓮初出水　青帅怕飛霜

十二子屬土　合數

十九　莫道坦途世荊棘　猶恐錦中有暗針

の十四　為向女佳人　花開能有几

十二　石頭伏路休疑虑　弓影浮盃莫認蛇

十 一 二 三 の 五 六 七 八 九

廿卅九	花含曉露重	泪濕點胭脂
〦十二	多因風雨花零落	欲渡清波久便舟
廿ス〤	花無艷色皆因雨	月不光明只為云
廿卅九	父當亡	泪染麻衣痛斷腸
の十八乂	多能更多達	事轉人皆悅
〤十八乂	舉步踏青云	登山如平地
の十平九	人多吉慶	家室豐盈
の十平九	梅開際会	柳放及時

六百零

一	の十乂口	莫羨桃李盛	妻天雨露宜
二	卅乂口	謀休疑	居莫慮
三		十一子屬水	合數
の		長子屬水	數定
五	廿乂口	晚色開霽	却被云迷
六	廿卅几	云鬟不梳花懶插	姿容憔悴減精神
七	卅八乂	来散当終	人擁百子堂上
八			
九	廿乂口	取次東風便	江頭好掛帆

三百一十

一	の千八七	几陣狂風吹杏花　暮春一夜捲黃沙
二	卅八七	守靜方無咎　謀為事不諧
三	の千八七	玉肌暗裏精神倦　花放殘春雨又淋
の	八十九千九	南柯夢入華胥国　人意英雄談話中
五	卅二	嘗有健翼　遠舉高飛
六	廿八七	為月登樓去　云生星斗迷
七	卅の千九	好事垂成　遇匪人而有阻
八	の千二	正欲梳粧臨寶鏡　誰知懶倦臥蘭房
九	の千二	欲上高樓正遇梯　攢身直上白云梯
十	卅の千九	其年註定飛來禍　咒責官非兩破財

宮二十

一　二　三　の　五　六　七　八　九

五十六八　先向黄花泉去　等待故人來

の十九の十　沙上有浮鷗　兩兩相戲

十九廿九　未经寒食花先謝　不到清明柳絮飛

十五口　突生意外來　不是先生果不才

卅五口　一朝喜得清風便　相送偏舟過遠山

の十の三　几度憂心棲未寧　言公相侮晦相侵

の十二　花為雨寒無彩色　柳因風冷欠精神

廿五口　需需怎相待　煩遠反為災

の十の三　薰風習習　吹動綉簾來

二百三十

一 二 三 の 五 冂 七 八 九

七十の三
日影欹西
逢橋而悵

帰妹三人
教不差分

の十ロ ス口
事机不蜜
及招其咎

廿卅九
天奪其寿
不及顏回

廿ス口
雨收云散見青天
春色光華晴度年

の十の三
魄隨流水去
魂隨落花飛

天為蓬島屋
風云作錦屏

廿二
鹿鳴晏罷
身騎駿馬入瓊林

六百四十

一 卅 四十九 過盡前灘與後灘 前灘總險不為難
二 卅の三 大夢一回 次斯而已
三 卅の三 家室蠶房間 鳳皇在亂穴
の 三子屬水 數定先天
五 五十の三 天地常存 年華已盡
六 卅 又丑 萱草經霜萎 奼花飛而散
七 の十 八又 寸鐵也憑 重圍可哭
八 母命丙午生 數定
九

二百五十

一 二 三 の 五 六 七 八 九

卅八十 秋圍墨未乾 工苑又連科

海工炯起防冚祿 禍起蕭牆總不知

三子局牛 前定

廿一二 見險雖难退 暫休且喜安

八十一二 収是仙翁成道日 南柯一夢了終身

莫道廿子送終 數中原未妄子

廿刀三 月朗星稀 烏鵲遶枝鳴

六百六十

十廿九 水滙江波急 煙波弄須潮

一 救生三子 我生一見

二 父土母至妻木生 救中註定刹方真

三 廿の三 欲作遊春計 天空風雨多

の 廿廿九 名進賢関 文章入泮宮

五 祥光出耀 事：喜重

六 卅八七 月走云程天不動 水流舟去岸難移

七 廿廿九 好運隨人 得心應手

八 廿ス中 迷失前途路 桃源尚可尋

九 中十、二 時逢運到 福增而昌

一百七十

一 二 三 の 五 六 七 八 九

廿八七　念九念八父当七　永別紅塵不在堂

好修清靜緣　不入凡塵墮

の十九の十　百花蜂採蜜　勤苦為誰忙

一妻又一妻　刑尅不相宜

の十三の三　不須執戟揚鞭　此是身衛得意

廿十四八四　假使見危終獲泰　後來是否不須憂

崢嶸祿馬　進加八座之尊

の十九の十　百謀千遂　一舉十成

五十三の三　十謀九得　魁自天來

六百八十

一 の十八乂 雨裏衒蓑風裏竹 動用行藏尚未足
二 廿の三 江山歷遍崎嶇路 水口陰人向信音
三 の十の三 渴時騎馬如猛虎 此時平步上云梯
の 卓立河邊猪遇犬 偏舟齊集待人來
五 九十 势若孤舟横渡口 犹如秋月隐云间
六 六十入日 容顏多進退 白髮好精神
七 卅八乂 萬里関山東復西 看來世事盡成非
八 卅の九 風吹伴侶齊塵去 雨打外央兩处飛
九 六十二 雲收月色到中天 雪壓孤松〻更堅

二百九十

一 二 三 四 五 六 七 八 九

五十七八 世情皆好处 心事合天然

五十二 力量過人 不当之勇

韜畧騖四海 声名振边疆

夫唱婦隨 上和下睦

卅二 暗裏招財 重重迪吉

卅三四 故園山林不是家 未生涯处却生涯

四十五十 動止行藏喜 相逢出入亨

七百零

一 二 三 の 五 六 七 八 九

一千の三 卅大日 五十一二 十八七 卅八七 日十一二 十一二

兄弟二人

一妻不能偕老

良辰美景皆堪羨

但当存謹慎

展開金屋暢

月昇云又掩

急水行舟

云迷月色不光明

流年本乖

一人披剃定爲僧

二妻方許齊眉

明月光華可勝遊

身可免灾迍

洗出蜀宮城

花被雨來侵

狂風難抵住

雨打妻花彩色稀

灾禍相侵

七百一

十	〤十三の	一番人事多更變	几許艱難路不平
一	の十八七	古鏡重磨	光榮勝昔
二		數有六子	淂以送老
三	五十八七	月下看天心	咫尺天顏近
の	廿一二	彼此俱蒙昧	何須用意攻
五	の十一二	家成業就	財至如泉
〤		若向成功日	還須四九年
七	七十三の	棟梁已壞	不能復支
八	の十の十九	紫微星照	祿位官高
九	の十の十九	鳳栖很靜	便好行舟

七百二十

一 廿八七 宇宙運三才 乾坤抱未足

二 卅早十九 鵬有健翼 一展摩天

三 卅八七 江山新雨過 人在錦叢中

四 の十の十三 金風飄飄 西成有望

五 の十八七 却將三尺罕 莫作中流柱

六 の十早十九 心能正直 財自天來

七 早十早十九 其年多不幸 飲酒黃花遍性情

八 湯心解印歸三經 棲樹已傾頹

九 几載宦窓志未成 不如汲拾學歸耕

七百三十

一 毋先辭世　廣晴鏡台空

二 辛 辛九 太陽照无咎　海漲得帆風

三 卅の三 事多生氣　涛目繁華

の 長子属土　合數

五 廿の三 養魚盈沼　不礙綠徧

六 卅二 大暑紅云現　風狂白浪生

七 の十 又十 傷心歡斷腸　血間点胴脂

八 幼該承繼　两度双親

九 辛 の三 夕陽西落　不在乾坤

七百四十

一	の十の三	经之营之	辛勤度步時
二	の十八七	掘地得金	大得其望
三	の十卆九	能噓氣而成云	矗矗直工
の	卅卆九	风蕭竽一竅	不用奏韶音
五			
六	の十卆九	争訟不已	更相牽掣
七		五行家重是刑傷	六爻未遇喪父亡
八	廿卅九	君家及懞懂	身安憲在中
九	の十一二	須求成実者	方可免貽羞

七百五十

一　二　三　〤　五　〦　〧　八　九

五十六四　杯水成河海　乾坤自我持

五十六四　公私告涉　人事底定

三子屬蛇　合数

五十四三　寔中元出現　調具事重新

六十四三　行人在岐路　指引有漁郎

卅八七　人事谷帛又還增　錦綉粧成富貴妻

四十八七　喜鵲營巢久　鳩居忽變廷

墻腳影麻屋後田　一生操節掙家園

七百六十

一	廿八七	任值青龍	名曰福家
二	廿二	念一二多有刑傷	棲庭何处祷良方
三			
の	五十八七	莫怨秋風急	好音喜日來
五	七八	嫩草霜期	清早色萎
六		三子屬兔	數定
七	廿五四	惡曜相侵	高堂有犯
八	四十九四十	潯陽江工	根道早潮來
九	四十八七	掘井得泉	未能止渴

七百七十

一 廿二 千岩清秀 万壑争流

二 五十乂口 世事扰如春夢 奔波也是枉然

三 の十乂口 失困扰慊未濟未 江边水漲有河用

の 二子属金 合数

五 夫星旺相身星弱 慣作偏房室内人

六 三子属羊 合数

七 廿四卅九 千里風帆輕 波平浪不驚

八

九 廿の三 光景勝于前 如春花之忽發

七百八十

一 二 三 の 五 六 七 八 九

の千六二 青天雷声
の千卆九 人在紫微深处立
卅六四 任他馬駿当須炮
九十 春天桃李
廿の三 中天日色
卅八七 花開未久春光尽
一千六二 知机字作山中竹

二子屬木

合數
君子怖惧
笙歌韶樂在其中
自有中軍兩腋車
日長姿容
華堂開展日華濃
可惜瓔枝一旦傾
近水楼台先得月

七百九十

一 廿六 曉霞簇錦綉 偏照画堂明

二 五十十九 田既受已井 心安身厥長

三 の十の三 思衣思食時常有 无禍无殃福自然

の 廿八七 月出除云垢 花開風雨傾

五 廿八七 期人憂不重 支持要思量

六 の十十二 悠ミ初履不須憂 兩火煙林不用求

七 教有不幸 身当常疾

八 の十八七 妻酒今朝無 忽然枚比鄰

九 の十十九 禍患相攻 暴雨疾風

八百零

一	夕十一二	牛行西北起	觸目自輝煌
二		兩人一ケ處	孤雁怨西飛
三	五十夕十	嘗盡艰辛	苦味回甘
の	の十夕十	清波映明月	引出游魚躍
五		夫君当配黃门客	先天註定不差移
六	八十九夕十	步暮陽陽惜景程	天涯霜雪被中傷
七	廿夕十	運之所至	其憂患之可慮
八	十の三	一朝風雨	日色其光
九	の十一二	披麻星照	晦星在命不啻身

八百一十

一 廿〥三 高山曲持巳千尋 洞口漁郎來問津

二 廿〤四 動用周旋 未遂其志

三 一六十七十九 云鎖天边月 雨打工元灯

四 十〥三 男女命拓方濕濟 忽然傷去不留存

五 馬未馳驟 先失其曹

六 一六十〥三 一朝天賜佳音至 治業勳高曾為民

七 母命丙申生 註定

八 翁屬牛 姑屬虎

九 廿〥三 愁鎖娥眉 淚沾翠袖

八百三十

一　二　三　四　五　六　七　八　九

七十二　松窟期高寿　风光晴室移

卅九 四十九　君子当思吉　存心戀小人

四十八 卅九　风雨摇空　棲枝已落

廿二　東风着意吹噓　生机已動

六十二　猙天偏不仁　頓起悔相侵

四十三 四十四　魚水百年間　金鱗三十六

其年廻過　還有三年

八百二十

一 二 三 の 五 六 七 八 九

十八 一乘失兩翼 未入百花叢
夫命庚申生 合數
三雁高飛一隻去 一丁青〻一丁黃
卄八 相打場中莫去 是非之水莫臨
二子屬犬 數定
翁屬木 姑屬氷
卅の三 數沃淂子
卄卅九 妻尽愁難尽 花飛滅却妻
卄二 淂也易失不難 劝君仔細看

八百四十
廿二　登臨高処　満目極浮云

一　七十十九　南極星臨　瑞氣添新

二　二子屬鷄　前定

三　廣種心田　吉神獲祐

の

五　平十七十九　課雨問晴　及時行樂

六　其年如過　還有五年

七　の平十九　吉士宜逢泰　光輝日漸增

八　ロ十の三　多恐有悲傷　中堂淚兩行

九　卅ス口　求之得之　頗為如意

八百五十

一　十六二　花影驚疑家犬吠　月明如晝恨鷄鳴

二　三の　身在宝瓶中　落在金井畔

三　早十二　陽関一曲断腸声　艸色青青別故人

四　卌早九　筆凍嘴呵連口黒　灯昏手剔指沾油

五　黄菊綻東籬　秋花勝春色

六　卌の三　建国安邦比牧侯　和民服象樂無憂

七　早の三　高桃北窓下　常鼓其腹

八　の早知　黄金渤發　湧泉而出

九　廿六二　麗日融融　春風吹柳邊

八百六十

一　七十六千　秋月葉落枝难定　浪撼孤舟櫓不平

二　卅八七　蜜云空佈难成雨　暁日将昇不相霜

三　の千九　高卧南軒　優〻自得

の　廿三の　雲凡飒〻不堪言　堦下萱花堕粉墻

五　の千九　羣鴻列陣飛云渡　彩鳳移时霧里遊

六　七十二　朝霞映日　光棟画堂明

七　堂上椿萱茂　見孫慶寿長

八　廿九卅九　正欲登樓觀皓月　何期又被黒云迷

九　卅の千九　江南春到　百卉将红

八百七十

一　〤十の三　安然獲福　漸尔亨通

二　卄八乂　世界遇短棹　得浪過江来

三　数当承継　两度双親

四　〤大　好鳥帰棲　鼓瑟相和

五　〸の三　去年風雨阻帰程　今日重逢旧主人

六　卄〤口　念五六歲父当亡　祈禱尽成空

七　の十〤卄　一片白云遮户　披麻孝服相侵

八

九　の十〤口　口舌終須有　貪杯忌有傷

八百八十

卅七　妻過尽了　好向泉下行

一

二　卅六　天奪其寿　不及顏回

三　の十八七　忍𡻕沉痾　二豎何多作祟

の　二子属鼠　合数

五　の十八七　途中逢水断　得舟又遇風

六

七　の十三　白云遠戸　孝服相侵

八　卅三の三　一泓清水明如鏡　満堂彩色喜相随

九　廿三の三　紫燕在秋帰　迢〻尋旧巣

八百九十

一　廿二　有利先君者　廿方莫工弦

二　の十三の三　鑿井得泉　天然之慶

三　六十八七　几多煩惱　付与東風　凤

の　七十の三　黄蜂多粉蝶　飛掩百花叢

五　七十三の三　梅花卸却杏花新　忽有東凤作故人

六　の十二　雨中春色園林茂　月佛秋天分外明

七　二子属鶏　合数

八　卅二　移花接木　其根得氣復榮華

九　卅八七　田獵在高山　獲麟得麋鹿

九百

零

一　姊妹三人　方合此数

二　廿の三　云收雨散　江山新色侵人

三　[illegible]十二　间把酒杯消日月　山林深处可相依

の　長子属猪　叙定

五　廿の三　位至三公　扶王霸業

六　廿 卅九　恨杀良人今已尅　空留隻影伴黄昏

七　卅 久日　河洲配偶　有始無終不到頭

八　十 久日　可為原有数　棲樹被風吹

九　飛鴻二隻　内中去一

九百一十

一 二 三 の 五 六 七 八 九

卯十ス卯 宝鏡光沉 百歲好逑情已斷

七十ス卯 安樂堂前六出飛 老梅枝上杜鵑啼

の十卯十九 虎頭珠現風浪險 濁浪排空十丈高

五十卯十九 秋天大雨淋 平地水中行

承異姓宗祠 永帶百年之好

卅ス卯 玉輪光茵 景色安然

卅ス卯 事事得和偕 南風拂拂蕩樓台

の十九卯十 靜中心自泰 喜氣上眉梢

七十八 災晦相侵 寤寐不寧

九百二十

一 二 三 の 五 六 七 八 九

五十の三 の十の三 七十六四 廿二

翁居牛
奪得錦標囬
二子居駝
二子居大
清風明月兩相精
數直雨声
二子居馬
念五六步有刑傷
意欲舟子渡

姑居馬
显文章之妙用
數定
合數
獲得金鱗下釣台
程風約住
數定
狂風驟雨打死央
風狂未可行

九百三十

一	二	三	四	五	六	七	八	九
卅四十九	四十二	七十二		卅二	卅卅九	廿八七	四十三	
已身皆過失	中秋已望月	更藉陰功為福祐	長子屬鷄	金錢要松竹	雨添芳草	一股瑤琴弦斷却	信順凡知便	

二子屬虎　前定

家室有安寧
光輝也無窮
栽培不到老松枯
合數
白云深處栽
精眼綠依依
緣須整頓韶方和
所謀如意

一 二 三 の 五 六 七 八 九

五十二 廿七 廿八 卅九 の十一 廿四 八 の十九

顛倒当差 已爲時甚

所得爲主 安然有慶

北堂萱艸被霜欺 一夜輕風遍地吹

長子屬羊 數定

太陽丰出曜 人物喜光輝

披麻星出曜 外侶有相拋

長子屬蛇 前定

幼失双親 人生不幸

九百五十

一　廿八七　運際安生福　逢凶化吉祥

二　十廿九　方外出之日　織翳不作

三　十廿九　擁東山之勝　不妨歌酒

の　立命操持有吉祥　救当内助得安康

五　廿の三　念三四步父当傾　芦扁良醫未有灵

六　七十五四　中秋月皎　忽起浮云

七　の十八七　富而且美　際運方亨

八　丁年含荳蔻　結菓在枝頭

九　卅の九　公私牽連　無傷也破錢

一 二 三 の 五 六 七 八 九

廿二
口十ス口
の千千九
五十の三
七十千九

老蜂(蝶)生珠
工師滑大木
長子居兜
造中多福
好運既行
浪穩波平
多是吉莫疑
閻王関上夜经過

石中懐玉
必勝(能)其任
一定在数
貴人妻室
謀也有成
云中日麗
安然福自来
去而不返待如何

九百七十

十	の十八七	永别陽関客	黃泉尋故人
一	廿八七	好運相逢	圖謀遂意
二	廿九 卅九	日出祥云	江山如画
三			
の	卅六午	日出祥云簇錦霞	江山圖画万千家
五			
六	の十八七	太陽相照曜	海内遍光華
七	の十六午	數误剋母	巨数天然
八	の十午九	輕舟相過浪	一喜一悲驚
九	の十六午	片帆過逆浪	往来有憂驚

九百八十

一	四十四三	雲生足下	一日到長安
二		須知四雁同飛	一隻先收在網中
三	卅四十九	灯花結蕊	喜信必至
四	十、二	披麻遍逐	事憂不足父應亡
五	卅四十九	南柯一夢烏能醒	從今不必問黃粱
六	六十六十九	画曜相逢	吉神相扶
七	十四三	家中不祥	喪門未傷棲樹殃
八	五十六十九	道途皆坦	涉履何憂
九	七十、二	月也既生	其光漸滅

九百九十

一 二 三 四 五 六 七 八 九

五十九 提防逢鬼賊 侵害有憂驚

二子屬土 合數

七十四 三 一輪紅日漸西沉 半天風雨半天雲

紅鸞加白虎 淂子併喪门

師妹五人 常枯各别

八十七 八 前有明灯 可以板步

卅二 二 日出扶桑 衆人仰望

六十五 四 千般与萬般 既積淂相安

廿七 八 鉄舡載江水 舟内有鱼遊

坤數

九千

零一二三の五六七八九

面黑微麻　數定

屬兔妻宮　豈能白髮

終朝碌碌　毋片刻之餘閒

不得早成佳配　誠惟虛度青春

父屬豬　母屬馬

一目微痕　前生註定

中年尅父　合數

早運平平中運同　成家立業晚年豐

父命乙酉生　前定

一十零 一 二 三 の 五 六 七 八 九

四子屬牛 合數

卅八乂 誰言金屋多春色 空使胭脂泣露華

の十三の 莫道風光隨目華 心灵煩悶不堪誇

丙年喪父 合數

目光不遠 近視乃見

卅八乂 凍雷催臈去 爆竹報春來

毋先辭世 子年父命壽元長

戊年尅父 合數

二十

零一二三〇五六七八九

心高惟慈直　東分而安業

卅二
風雨無覓声寂〻　送來人事恨悠〻

父亡庚年　合數

辛九辛
福來相迎　由人相造

所見者大　不屑于細

莫蔑死史飛上下　逐愁風起雨分离

父亡壬年　合數

妻命屬牛　姻緣不久

少年得藉棲萱蔭　晚歲欣看蘭桂芳

三十

零　父命乙未生　前定

一　生來未滿十歲　仍孤堪太息

二　母先辭世　丑年父命壽元長

三　花柳三春節　霏霏細雨飄不歇

四　卅早九　半世未經安穩地　成家創業十分勞

五　結髮妻宮定有刑　再聯琴瑟見生人

六　莫怨姿容陋　合決面有麻

七　母先去世　屬師費親壽最高

八

九　四十早九　芙蓉生在秋江上　莫怨東風尚未開

四十零

一　二　三　の　五　六　七　八　九

五十一二
父命乙卯生　前定
三春楊柳風情好　一陣花飛氣色空空
立身須勤儉　財祿自豐盈
早歲云遂月　秋深業氣多

五十入千
有天然之慶　安享其豐
母命先終　兔生父命壽如松
欲知几度墻花艷　七十之年數偏傳

五十の三
事事稱心　不費精神

五十八七
黃菊東籬色正芳　儀然不染怯秋霜

五十零

一　二　三　四　五　六　七　八　九

四十二　茅屋含春雨　春風入戶寒

七十二　好山过眼未分明　岸艸花在次第新

六十八　性定心自遠　身閑樂事多

寿元八卦外　西去坐蓮枝

七十八　情懐默默　無計可消除

卅八　運際添基業　时来改户庭

卅四　浩浩財源家道盛　盈盈事業度年長

六十二　數逢坎坷　謀為不遂

母先去世　原生老父壽元長

六十

零 一 二 三 の 五 六 七 八 九

六十一二　卅の三　七十の三　七十不廿　六十八廿

翁居鼠
一陣東風桃吐花
秋高氣爽
呵呵嘆一場
清風明月
煮茗談佳客
平生多志氣
妻命居虎

牯居龍
淹淹宿雨未能華
喜事成重
昔年事在何方
拄杖逍遙
開篇論古人
奈乏上天梯
中途有失

七十零

一 二 三 の 五 ∴ 七 八 九

の十三

二十八乂

卅の三

推開律戶觀明月 雨后青山是更新
翁屬鼠 姑屬蛇
父命丁未生 前定
其年定折蟾宮桂 不冒埋頭已十年
二子屬蛇 定數
母命先終 已生老父壽元長
翁屬鼠 姑屬馬
翁屬鼠 姑屬羊
百事傷心在目前 此时又醉又眠

八十

零 一 二 三 四 五 六 七 八 九

翁属鼠

父母全丁巳

父母全庚辰

事業重重更改

结髮妻宮定有刑

不道根基有若無

根基淡薄消除

姑属猴

前定

註定

成家自作自為

再聯琴瑟已生人

自成一個好規模

白手成家事事次

九十
零一二三の五六七八九

七十九午

卅九の十

木金之年
風塵蔽野
流年得子
母先去世
父命丁卯生
妾命属羊
玉人有刑
家業又添新氣象
翁属鼠

數当入泮
日色無輝
數定属鼠
午生老父壽元長
前定
合數
再娶属龍生
门庭復創旧家声
姑属雞

一百零

一	翁居鼠	姑居豬	
二	桃李滿門	杏壇餘澤	
三	其年延過	還有十一年	
の	大限未年	數有一缺	
五	根基不能全穩	數應復振家声	
六	流年春樹萎	數定豈能違	五十の三
七	力能創業耐艱辛	不是圖安自在人	
八	人逢吉慶多添喜	月到中秋分外明	五十の三
九	妻命居鼠	皓首難期	
	杏花濕濕偏多雨	楊柳溪边易得妻	十二

二百一十
一二三の五六七八九

丑人有刑　再娶屬生人

十子屬木　合数

妻命屬鼠　合数

の十二　運不逢时心事多　朝欢暮樂彊謳歌

二十二　簾外和風陣々　閨中瑞氣壓々

六十八　数已得　塵缘謝却往西行

父屬木母屬火　妻土生

翁屬牛　姑屬鼠

翁姑全屬牛　数定

一百二十

一二三の五六七八九

の十二　六十七

翁姑全属虎
其年逝過
翁属虎
父命戊申生
濛濛蕉葉雨
土金之年
仔將心工事
莫謂花開晚

母命先亡

前定
还有八年
姑属龍
前定
淡淡桂花風
數当入泮
吩咐与兒孫
時來運自亨

來生老父壽元長

一百三十

一 二 三 四 五 六 七 八 九

四十八

三子居兔　前定
三指脈占心腹病　一囊藥貯太平春
吉凶有定未丈工　消長存亡在画屏
太平江左須知福　潦落朝未宸可憐
画屏春暖甘棠賦　兄弟同心樂太平
妻命居牛　定數
父命巳丑生　前定
六子居龍　定數
妻命居蛇　姻緣不久

二百四十

一 二 三 の 五 六 七 八 九

廿七 廿八

翁屬虎
其年當溺子
其年迍邅
欲知几度蟠花數
死侶不能諧白髮
君家欲向壽多少
一罰穿楊
父母全丁卯
妻命屬龍

姑屬馬
數內定分明
还有七年
花甲加乘二五年
年未冷暖自家知
七旬之外夢黃泉
畫门入泮
前生已定
齊眉难許

二百五十

十九 廿九　五陵年少催歸去　隔斷紅塵十二樓

一　半生声譽馳湖海　二字功名薄廟廊

二　卅八七　大小謀為皆叶替　清和天氣有春光

三　の十八七　落日向西处　空山意独閑

の　の十二　世端之擾　却向誰論

五　卅の三　一龕春雪埋禪影　半嶺青松映梵门

六　無子悲傷恨不尽　宗祧立继礼為宜

七　面陋多麻　覩不堪誇

八　脈経詳子母　藥性辨君臣

九　の十の三　神思困倦　不覔晝眠亭院

一百六十

一 二 三 の 五 六 七 八 九

六十四

壺篭留香久 可以丗累憂

妾命屬猴 定數

翁姑同喪壬年 准數

六十二

携酒尋兎经 函吉不相関

卅四十九

短嘆長吁 時之未遇

母命先亡 屬猴老父壽元長

六十二

欲向前程路 道路正逍遥

卅二

好妻得意 大道生財

一百七十

一 妾命居犬 合數

二 母先去世 居雖老父寿元長

三 九流技術為生理 一榻清風養性灵

の 五十九 三乘悟徹 刑法皆明

五 六十二 行云流水兩悠ゝ 不是滄江不繫舟

六 孔懷同父還分母 群雁遺羅各自飛

七 の十四 相逢順境 安然有慶

八 南牕寄傲 客膝易安

九 の十六 方可進步 自此無憂

一百八十

一 大限酉年 一鉄难逃

二 妻命属鼠 在数

三 鉄劃银鈎 善于書法

四 毋先去世 戌生老父寿元長

五 其年得子 数定属犬

六 妻命属雞 定数

七 九十四、八 連句如雨風 花李不鮮妍

八 七十二 老年情性抗如少 清閑景色自鮮妍

九 父命辛巳生 前定

一百九十 卅八七 天河野渡鵲橋成 嫦娥笑扎廣〻宮〻開

一 卅六十 高懐清韻因風瀉 洞庭波光為水成

二 卅七九 月去年来不自知 陰風飒〻雨凄〻

三 卅四十九 碧然平如鏡 廿風浪不生

四 廿卅九 常向春風觀画闌 玉人微笑倚欄杆

五 水火之年 数当入津

六 五十八七 人在春風中 樂意自相從

七 大限在戌 一鈌難逃

八 父命辛卯生 前定

九 卅知 緑綉红粧〻襖〻新 高堂孄熳足榮華

二百零

一 二 三 の 五 六 七 八 九

六十七八

父命已酉生
平生最愛順風旗
父命癸未生
石室棋殘江月小

四十七八
五十四八

樂莫樂于父子
火年魁翁
莫道行來得暢懷
春風如綺
母先去世

前定
沖去霜田利事宜
合數
松声有韻似琴音
如何反起爭端
木年魁姑
驀然雷雨共時來
秋月如銀
屬猪老父壽元長

二百一十

一 二 三 〇 五 六 七 八 九

玉人不見臨杯慶　故耳傍栽連理枝
過得其年　延有六年
五十二　家有餘資　作事仁慈
父命已卯生　數定
五十八　世無名譽方為賤　君有文章不是貧
五十六　時逢運到　福增百昌
五十二　翁屬牛　姑屬雞

二百二十

一	六十、二	翁居兔	姑居牛
二		高山雁過雲摩背	淺水魚遊地燎鱗
三	七十四三	江天一隻暮猿歸	千里他夫淚濕衣
四		父当早逝	必逢金歲而亡
五		父命戊寅生	前定
六	六十五百	大限亥年	數定難逃
七		好花因雨落	只道風雨患
八	廿、二	其年逃過	還有四年
九		春暖春庭葉茂	誰知白帝傷殘
		翁姑全居兔	前定

二百三十

一 二 三 の 五 六 七 八 九

未防一期　便尅其父

父金母水妻土生　數定

延過其年　還有二年

月移花影動　疑是玉人來

母命屬虎　數定

四十知

春光明媚　江山如綉

七十知

烟霞有奇癖　鸞雀多逸志

六十の三

東風又是一年華　回頭秋風不足誇

父先去世　屬鼠老母壽元長

二百四十

十子居水

一 妾命居豬

二 四十二 朝：快樂暮謳歌

三 筆硯精良

四 豪富堪誇

五 六十七八 艷陽春正眼

六 四十八四 福星照人

七 八十九 八十一 高人情性

八 十子居土

九

數准

定數

艷陽春眼日融和

工于画法

作事奢華

風雨落花多

知己相尋

有所不知

合數

二百五十

一 の十三の
慧業已作遊仙夢
早赴瑤宮不在堂

二 二十七八
孝服相尋
晝夜不分明

三
不要文章定天下
全兔方馬主乾坤

の
父命先亡
屬牛老母壽元長

五
其年延過
還有一年

六
夫亦遲來子亦遲
早見刑尅不相宜

七
前人事業难伏力
不如自己發來奇

八 の十七八
妻亡水年
合數

登高一望
憂慮不生

九
翁屬兔
姑屬馬

二百六十

一 二 三 の 五 六 七 八 九

二十二

青艸紅花稱處士　半间半俗散神仙

母亡丙丁年　數定

記得桂塘秋夜好　玉釵恩重在前生

不足在心　有餘在內

兄弟分爭　又同陌路人

父命先終　居廊老母壽又松

螢窗雪案不須尤　商賈生來數內週

二百七十

一 二 三 四 五 六 七 八 九

六十七十九
六十二
六十八七

翁居鬼
父命戊子生
王人有刑
花色四時春富貴
坦蕩自如
茅舍竹篱今亦香
妻命居鬼
寅卯年來喜
父命先終

姑居羊
前定
再妻屬馬生
酒色終日客留連
患害并慶
風景已非疇昔形
在數
花發結菓堅
居鬼母命壽如松

二百八十

一　二　三　の　五　六　七　八　九

子丑年來喜　花開結菓堅

父先去世　居號老母壽元長

玉人有刑　再娶來生人

二千入口　莫道有人降劣馬　須防不意覆遍舟

五千入口　烔波浪裏漁翁業　十網抛來九網空

の千の千九　不改江山千古旧　又着桃李一时新

の千入口　埠旱田饒　向陽花木易爲林

辰巳年來喜　花開結菓堅

二百九十

十　一　二　三　四　五　六　七　八　九

夫命庚申生　數定
妾命屬龍　合数
数有偏枯　妻当常疾
七十入知
庭前飛白露　星後現浮云
数有九子　六子送老
生来未成朋　母命便相當
二千四三
有花須酌酒　廿月不登樓
早歲陰霾如霧張　北年出谷弄鳴声

三百零

九　八　七　六　五　四　三　二　一

翁屬猪

五十四三 烈士壯心犹未已

桃杏花開一樣天

卅四三 百花如錦律

謀慮多謹慎

妻命屬馬

四十八七 一番風雨過

年末三春

姑屬雞

高堂燒燭照芙蓉

運交晚景路安然

桃杏及時新

一世少風波

註定有尅

又是賣花天

便尅其母

三百一十

一　二　三　の　五　六　七　八　九

四子居兔　合数

父命巳未生　前生早定、

卅の三　撥云霧而見青天　剪荊棘而登大道

午未年未喜　花開结菓堅

陰勝于陽　数当惧内

助夫勤儉有操持　日夜勤劳心家慈

卅の十九　清和时候　真氣安神

三百二十

一　二　三　四　五　六　七　八　九

四子居甬　　定數

父先去世　　已生老母寿元長

十四　今日微風颯颯　　明朝細雨霏霏

白日渺能視　　觀書仔細看

廿卅九　一回和暖一回寒　　把得尋常春色看

長子居羊　　前定

廿六　山色不明常暗　　庭前細雨侵衣

廿四　熱毒天氣　　乍雨乍晴

三百三十

一　二　三　の　五　六　七　八　九

五十九不十

の十三の

妻亡木年　此剋方准
逢木年亡畄　遇金年尅姑
父屬金母屬木　合數
五人有刑　再妻猴生人
云來一霎雨滂沱　兩度依然日色和
老鳳作雛休道晚　磻桃結実莫嫌遲
父先去世　屬馬母命壽元長
百頃良田隨日盛　千金餘橐逐时增
妾命屬蛇　在數

二百四十

一 翁姑亦居猪
二 快心無别事
三 五十九 五十九 诗載烟云入画堂
の 六十八 明月当空皎
五 廿二 官非來到
六 凶吉相逢
七 妻命居羊
八 の十三の 繁華却已随春去
九 掛劍有人悵季札

一 数定
二 具慶有双來
三 劳心劳力費工夫
の 清光次第來
五 事必征討
六 喪棄得子
七 刑剋难免
八 唧唧秋声傍我來
九 抱琴何処覓鍾期

三百五十

一 卯十二 東風一夕百花開 美景良辰事得諧

二 云雨巫山成美事 野花村酒自然香

三 四十八 久雨新晴 哭忽樓台水氣清

四 欲携胸中才学向 还須早晚下工夫

五 吞吐造化天机事 進退星辰藻鑑中

六 歪嘴不止 数中註定

七 父命先亡 屬羊母命寿元長

八 不是桃花春艷早 却山秋菊晚来然

九 卯十三 四 雷震空霹歷 云雨竟虛費

四十八 山頭猿雀成群 松林虎豹生驚

三百六十

一 二 三 の 五 六 七 八 九

の千七八

翁属猪

旭日東昇瑞氣新

对人常自嘆

足縮〻又有循

结髮有刑

李杜文章曾解意

父先去世

逢多年衰翁

の千三の

庭前鵝鵲噪同声

姑属羊

黄花彩色喜初晴

不解意中言

遅〻我行也

再娶酉生人

蕭然案牘只從容

申年母命寿元長

遇火年剋姑

吉内藏凶未有爭

三百七十

一 幼失雙親 天倫不幸

二 二十四三 暗推好景過三月 欲遇方華又一年

三 四十四九 明月清風誰與共 高山流水少知音

四 卅六四 菲菲芳草綠 名花開未足

五 卅八乂 有心怎奈無心好 多情卻被無情惱

六

七 四十四九 云淡空山日淡林 獨行無伴卻傷情

八 君若向壽向安 全憑陰德修爲

九 翁屬豬 姑屬兔

三百八十

一　二　三　四　五　六　七　八　九

妻七金年　准數

不悲衣食不悲貧　只恐中年少子孫

君足有慧　徐步不可疾行

逢金翁先喪　遇木姑便亡

二十四三

朱雀多凶　官非事臨

妻命屬猴　數定有尅

四十四三

正要賞花天落雨　偶思玩月被云遮

三百九十

一 二 三 四 五 六 七 八 九

須知祖父壽多少 便識君家壽几春

長子属馬 定數

四十九 四十

虽云不足 好事时来

君家若問天年事 只恐君家不髮星

五子属虎 前定

六子属蛇 合数

妾為继室 定当扶正

父命先終 酉年母命壽如松

四百零

一　二　三　の　五　〆　七　八　九

五十の三　五十ス日　〆十ス口　二十八七　五十二　の十ス日

翁居犬
邂逅相逢
小船行大海
好將心工事
快樂其边
玉露與金花
父先去世
秋風方生桂子
金鱗豈是池中物
蛛網佈風

姑居猴
然期不定踪
騎馬工高山
吩咐与見孫
秋月春花自福然
中秋佳氣濃
成生父母寿元長
春雨先出蘭房
一遇云生即奮騰
圓缺不一

四百一十
一 二 三 四 五 六 七 八 九

与君通一語　用尽平生力
五十八七 寉间多惆悵　松溪雪满山
卅二二 石工雲霞不散　鋒頭鍾暁声时来
四十二二 半捲珠簾対碧飛　欢漿池塘梁溜、
七十二二 檻边间地多栽竹　门外池塘簾裡蓮
酉戌之年　連着捷报
卅六四 世端赶逐春风去　似我情思意似痴

四百二十

妻命屬馬 數定

一 父屬鼠 母屬蛇

二 其年得子 數定屬猪

三 虽然不是三場客 也帶烏紗着紫袍

四 君家寿算怕逢金 七九之年數便停

五 四十七 八 鐘動月光明 牛頭有一驚

六 妻命屬鷄 前定有尅

七 寿算花甲外 事業付兒孫

八 妻宮成兩度 子息早年虛

九 五十九 六十 欲托瑤琴彈一曲 偶然弦斷不知音

四百三十

一 二 三 四 五 六 七 八 九

花甲一週添五載　任君積德也难留

水土之年　數定入泮

结髮有刑　方准此數

母亡甲乙之年　數定

長子屬鷄　合數

喬祖之造少根基　自成自立自操持

片言折獄　人服其公

心事未安然　無勞憂與慮

四百四十

一 二 三 の 五 六 七 八 九

一　翁居馬　逢金危尅父　棲樹早経霜雪壓

二　牯居半前定　遇木母帰陰　萱花正茂噴天出

五　父先去世　亥年母老年寿元長

六　の千八百　春宮回柳困　几冷損花顔

七　の千八百　福曜正當年　腰纏十萬錢

八　父当再妻　数定前生

九　二千八七　財帛正出新揷柳　人情还是作閙梅

四百五十

一 四子丙攀龍　一对舞妻凤
二 父亡甲乙之年　合数
三 两鬓如霜雪　遐齡過七旬
の 本然不負重　君背却常說
五 廿八四 外遠山遥不易逢　可人何处覓形踪
六 廿八二 雨湿芳艸旧妻绿　日映鲜衣带暖红
七 父亲未丧母分離　先天註定不差移
八 卅四三 巨舟渡海　外流风順也劳心
九 寿元八九鬓如霜　杜鵑啼落枝頭月

四百六十

一 二 三 の 五 六 七 八 九

翁居馬
雁行各自分南北
一堂称具慶

五十八
命犯刑孤
春晴帶酒尋花径
內助興家旺業
欲知一世榮枯事

卅二
學業英雄富道盛

姑居席
祖業須知有若無
將順有班斕
年未三春而喪父
凡順揚帆得意濃
時新緑作皆能
八九加三夢入泉
輕裘肥馬姓名揚

四百七十

一　五十二　庭前芳艸生新色　江上芙蓉景色新

二　一千十九　西風吹折長堤柳　還憶荷花數點紅

三　四千八七　秋夜月將圓　清光入戶庭

四　卅八七　中秋皎月　分外精神

五　四千十九　雨寬銷之難銷恨　花落花開空自傷

六　五千八七　微雨滑道　却防遠行

七　四千十九　踏雪而歸　前途甚危

八　妻命屬犬　豈能白髮

九　七十千九　猴情却被空門牽　避暑常觀碧澗花

四百八十

一 二 三 の 五 六 七 八 九

の十
八七 秋来景色多萧索 桂樹飄然總是虛

木歲應父亡 逢金母別离

の十、
二 时闻松涛声 心空若流水

性愛山中藏樂 松頂棲孤雀

筆下文章燦星斗 胸中錦繡濤乾坤

五十
の三 桐林移影月輪孤 客程鳴琴意若何

六十
八七 静撥柴门 吉子偏稀

卅
二 臘月殘年去 春傳梅意来

四百九十

一 二 三 四 五 六 七 八 九

夫大五年　前定

欲知汝寿並多少　便向君家寿几春

玉人有刑　金雞唱曉再成姻

衙門之下　陶然自樂

大十八之

一言不苟　太古之風

八十八廿

壓志于今已漸消　清虛渾是道家風

父命癸巳生　前定

妻命亥生　中防有剋

五百零

一 二 三 の 五 六 七 八 九

少年薇魄未遭逢　氣槩英々事業空

卅九 の十

天官太速　奪我父祿

數有不幸　母当死于利刄

非科非甲　顯職近君王

胸中列經史　筆下掃千軍

劝君莫怨根基淺　數定原来世祖業

功名事必成　腮下莫灰心

木年亡父　此刻方准

五百一十

一 二 三 四 五 六 七 八 九

五十 六斗

福祿如山 敕命贈函

深通佛性能忘俗 堅守禪心不畫眉

君家若問壽 五九有阻再延年

父居金 母居木妻居水

藍橋不遠先偷渡 他日相逢是故人

兄弟二人 合此二刻

堯天未賦先通好 夙世姻緣頃刻成

陽春先佈功成定 秋盡冬殘梅吐英

五子居鼠 數定

五百二十	一	二	三	四	五	六	七	八	九
卌 四十九	廿九 卅九	六十九 七十		四十六 二		六十六 二		卅一 二	
明珠飾彩夜光圓	秋色深深	洵徑花疎	自是東床為半子	清明天氣	柔弱畏禍	陰陰花卉真堪羨	水年尅父	數逢多瑞氣	覸而視之
柳紫花花共一般	停我而來	不覺春光已盡	同心結就好良緣	此是佳景	力怯之故	香香鶯啼嬌悅人	註定	財喜自相依	猶如為遠

五百三十

一 二 三 〤 五 〦 七 八 九

〤十八 〦十八

此数之中 金水年来疾病多
十分好景 又多不足
娶妻不必賦于歸 坦腹東床樂唱隨
朝朝暮暮何时足 一旦無常相逼促
未聯琴瑟好 先動鼓盆歌
早年不遇名花景 壯岁應逢大有年
七子属羊 合数
五子属兔 合数
母命丁亥生 数定

五百四十

一　五子居牛　　數字

二　廿二　絲絲柳色草烟籠　　早歲傷妻淚眼紅

三　卅四十九　水年尅父　　火土喪慈幃

の　中天日色　　云掩其光

五　五十八七　聊飲荷花酒　　来尋秋水濱

六　の十の十九　青霞曉月　　碧水春禽

七　五子居虎　　合數

八　先須立嗣螟蛉子　　後產麟兒方送終

九

五百五十

一 二 三 の 五 六 七 八 九

二子居乾 前定
翁居雞 牯居猪
欲知几度蟠花熟 七十加三數已無
二子居馬 宮數
五十六二
花隨碧水出浮遠 云过青山洞口深
の十口十九
山險难登 更多危石
卅八七
不如意事 十常八九
一十六二
鬢髮蕭蕭白如霜 終日焚香実堪誇
十八七
帅蛍有耀原非火 荷露虽圓豈是珠

五百六十

一 二 三 四 五 六 七 八 九

翁属牛　姑属猴
若得称心如意处　兔随鸡走月重明
廿六日
事事称心　好花得露更鲜明
六子属犬　定数
父属金母属水兄弟二人　合二刻二分
棲逢火绝　此刻方准
母命戊干生　数定先天
笔端锦绣　舌底青莲
翁属牛　姑属鸡
五子属龙　数定

五百七十

一 二 三 四 五 六 七 八 九

三十一二

好春时候　諜事相宜

命須招側室　方許得麟兒

娶得偏房　可許熊羆入夢

翁姑全屬雞　數定

毋当土岁魁　數内定分明

命中有貴子　却是業微即

早子惡花　晚年得实

兄弟連枝氣不同　一行雁序我居中

毋命乙酉生　數定

弹斷续絃　吹殘蘭玉

五百八十

一二三の五六七八九

卌八

保合天和元氣融　壽同渭水坐䂖人
五子居馬　數定
指生桂蘭多庭秀　須數連理有傍枝
夜深人静　月朗風清
翁居金　妣尾木
五子居乾　數定
不愁桃律驚風雨　只恐枝頭落嫩花
目袁其明　數中前定

五百九十

一 二 三 の 五 六 七 八 九

夫大三十七年　前緣註定

六十九七十　好春今已去　晚景遇悲愁

の十の三　情緒难舒　雪花白片满天飛

三春長雨雪　秋日得晴和

一十八十　花開顏吐秀　蒼松色自清

母亡本年　此刻方惟

立志心堅　必有功名獲福

十八七　流年有涓悲莊子　烟雨霏霏珠涓傾

五子居羊　數定

六百零

一 二 三 四 五 六 七 八 九

子嗣多富貴　　珪璋襲御衣
火年棲樹沒　　水木袁葱幃
五十六 四
樹底鶯声覞晥　　檻边花蕊堪憐
四十二 二
春風吹柳榮　　夜雨打梨花
八十 四十九
花落花開事不同　　浪滚波涛舵未望
二十二 二
少年夫婦各分飛　　哀泣良人泪洒衣
桂子庭生　　受天之祿
春逢花甲卻塵緣　　子女双双泣杜鵑

六百一十

一	二	三	四	五	六	七	八	九
翁属鼠	翁属鼠	身軀不宜	母命戊戌生	五子属猴	翁属鼠		翁属鼠	翁属鼠
姑属牛	姑属兔	先天稟質	前定	前定	姑属虎		姑属犬	姑属猪

二百二十

一 二 三 の 五 六 七 八 九

二十入口

翁属兔　姑属鼠
翁属兔　姑属龍
诶為三任黃堂　方得歸于林下
五子属雞　數定
玉人有刑　再娶属犬生
祇園綠竹凌云漢　百尺亭々响碧瑯
翁属兔　姑属雞
父亡土年　方准此數
翁属兔　姑属猪

六百三十

一二三の五六七八九

六十三の

六子属鼠　數定
樹容晴不雨　風清暑似秋
父属金　母属土
润身自有千鍾粟　不義登云步月宮
母命巳丑生　數定
父母俱全祖蔭孫　眼前三代福同增
翁属龍　姑属虎
五子属犬　數定

六百四十

一二三の五六七八九

三十三の

兄弟二人
七衰遐齡天載定
母命癸酉生
秋風飒飒客衣單
五子属猪
立志尤如秋水
濃粧楚楚三從備
傳家書作本
蛟龍豈是池中物

合此三刻
其年不必服丹砂
數定
欲進前途步履难
注定
臨事明月当空
模範雍雍四德全
貴我硯為田
一遇云生即奋騰

六百五十

一二三の五六七八九

の十九早

瞻之在前　忽焉在後

有子庭生多富貴　家中饒有万千餘

宝玉金珠　良田大厦

家喜内人能助力　閨中却有狀元才

以妻為活計　半世眼前花

曾歸嬪眼秦樓上　歌舞輕盈風月中

卅七卅八

夜深歸月下　風雨向瀟湘

六子属牛　數定

一百二十
一 二 三 の 五 六 七 八 九

卅八七　但是五湖風月好　難將吹酒解愁腸
七十三　近來已作忘情客　不曾人間是与非
の十八千　明月正當樓　心懸万事休
十八七　青〻艸多稀春烟　恨柔多情二月天
一見傍人動口　偏須側耳尋思
曾舒媚眼輕風送　歌舞纖腰明月前
卅九 卅の十　前去風波可奈何　布帆無恙掛秋風
廿の三　晦退究消事已寧　云收雨散不須驚

二百七十

號	註	上	下
		翁屬龍	姑屬蛇
一	七十年九	和暖在春風	忽聽鵝鳴碧樹中
二	五十六二	春暖百花鋪錦綉	時來百事盡如心
三		母命癸卯生	數定
四	廿二	上弦子月	其光尚未盡團圓
五		母命癸未生	前定
六		壽到三三又八年	此時跨隺上西方
七	五十四三	枯木逢春又發生	滿園桃李盡芳菲
八	廿八廿	運至身康健	時來百事强
九		翁姑全屬龍	註定

六百八十

		父居木	母居金
一		玉人不共白頭吟	几次重諧連理枝
二	の十九 四十	水面楊花千百点	隔林鵑舌兩三声
三			
の	一二	撫育多惆悵	清風與不雁
五	十八七	花開时值春風暖	入遇时来正少年
六	二十二	濃云遮皓月	垢雨損花顏
七		助夫近百福	益子納禎祥
八	二十卅九	一榻書朱佳夢醒	半窓風雨竹声踈
九	五十二	霧去明亮	枯木又逢春

六百九十

一 二 三 四 五 六 七 八 九

七十二 七十六四 四十九 四十

一胎二子 香氣所鍾
無是無非樂事多 相逢伴酒快如何
身歇寒塘月色明 細雨來往自相侵
父母今居金 數定
六子居兔 合數
六子居虎 數定
時之未遇 日日勞神
清光如秋水 梅花影正寧寧
善門多吉慶 瑞氣藹芝蘭

七百零

一 卅ス口
蘭桂森森多富貴
金珠宝玉滿蒼箱

二 卅卯九
朧月朦朦似逼人
君今却喜已逢妻

三
羨此竹林盛
日日有涼風

の 卅、二
天際遥看度塞鴻
行人言此尚难通

五
朱顔多進退
白髮好精神

六
董風習習花含暖
和氣雍雍遍地春

七 七十ス口
烛彩光搖
朱云飄飛

八 卅卯九
謀為多渺茫
進退事遲延

九 卅卯九
妻宮註定全偕老
百歲姻緣事可誇

名花兩朵放
姊妹一双生

七百一十 六子屬馬 合數

一 六子屬龍 數定

二 盍于背 鞠躬以也

三 毋亡火年 合數

四 毋命庚午生 數中早定

五 妻子刑傷重疊 几番更理瑤琴

六 二十四 半春甚雨 埋沒無限韶華

七 翁屬龍 姑屬羊

八 翁屬豬 姑屬鷄

九 翁屬蛇 姑屬鼠

七百二十

一　翁屬蛇　姑屬牛

二　の十九 卆九　陰雨連旬　行人怎渡津

三　母命壬午生　數定

の　翁屬馬　姑屬鼠

五　根基耗散風中絮　半世浮沉浪裡萍

六　結髮妻宮定有刑　再聯琴瑟鼠生人

七　六子屬蛇　數定

八　翁屬蛇　姑屬龍

九　二十の三　謀事得手　福從天生

七百三十

一　二　三　の　五　六　七　八　九

數有前定　母當再嫁

父命壬子生　前定

の十七　八

愁緒春風惡　何日心中樂

一陽初動日初長　至此方知音漸揚

卅九　の十

研求調燮為活計　青紅碧綠作生涯

鉢底降龍　拂塵伏虎

卅　の三

清涼破炎熱　運轉佳時節

卅二

夫大二十一年　前定

七百四十

一 二 三 四 五 六 七 八 九

翁姑分居蛇　前定

五千九 卆千九　紛紛爭造化　安浮享榮華

の千の三　垂成事業　轉眼成云

七千の三　壯年傲氣俱消盡　白髮新添四五根

七子屬鼠　數定

二千五六　有求必遂　所往皆通

卅九 の千　夫婦原期共百春　豈知中道便離群

の千の三　榻下禪心靜　增前花露濃

二千 ス千　客抱琴來　彈出新腔故事多

七百五十

一 二 三 の 五 六 七 八 九

謀為不遂 只因內亂当權

虽然傲雪凌霜久 終見陽和雨露来

內助多能 積成家業

流年得子 數定属虎

の十八叶

青山生靄 樹庄如画

母命巳卯生 數定

六子属猴 數定

母命庚寅生 前定

七百六十

一 二 三 の 五 六 七 八 九

の十九

二十の三

六子属雞

利名莫怨行来晚
綺筵羅列春如許
眉寿荣终天数定
桑有寄生虫有螟蛉
雨过百花皆有態
三志如同秋水
父属鼠

前定

創業成家異处招
灯烛辉煌不夜天
杜宇声声唤語頻
為人種性晚賜麒麟
風恬の海静無波
文情誼切金蘭
母属猴

號	數	上句	下句
七百七十	七十二	三飧白日隨緣度	一卷黃庭讀在心
一		金風颯颯楚天涼	唧唧秋声恨夜長
二	十廿九	樓頭時賣千金笑	月下偷期百誓心
三	の十の三	鵓鴣共一巢	出吉併喙
の	十の三	忙忙着眼尋歸路	泥滑驚心過小橋
五	七十八七	枝頭花欲放	抗慮雨和風
六	八十卆九	月色十分明	開道無灯亦可行
七	卅又日	九十春風似擲梭	感懷無限世情疎
八	の十の三	若向流年吉凶	須知事事多煩
九		鳥宿清霜濕羽毛	鵓啼明月有蹊蹺

七百八十

一　翁屬蛇　姑屬猴

二　卅の三　滾滾波涛漠漠天　心中有事与誰言

三　四十の三　愁生茅屋　地滑难行

の　二十一二　留酒待花開　濃濃春色滿楼台

五　七十一二　尋梅踏雪冤藜杖　煮茗歉氷拂火炉

六　欲知寿数在多少　花甲加乘二五年

七　七十四　不向東風共秾李　甘隨松柏結芳鄰

八　六子屬犬　前定

九　卅二　雪壓空山月滿林　可人何意更憂鷙

七百九十

一 二 三 の 五 六 七 八 九

六子居猪

二十卅九 腰田芳艸霜消日

三十の三 花開却被無情雨

十廿九 旱苗欲稿

二十卅九 百艸萌芽滿徑迷

卅〆日 时来事漸順

の十早九 任是五湖風色好

梅邑独経霜裡凍

卅〆日 圈中伏虎

の十卅 巷花滿樹得春風

合數

春至桃花柳色鮮

柳放俄遭驀地風

一雨沒蹤

東風拂柳困長堤

運至業自新

揚帆穩穩過江心

端㦲不怕月中穴

跡内降龍

東烛来遊巻苑中

八百零
一 二 三 の 五 六 七 八 九

卅六 十三 の 十 廿九 卅二

父命癸卯生
前定

怨雨無端花辨瘦
愁風瑣翠柳眉顰

三春楊柳綠
嫩竹滿園青

二月春風虽不定
柳條含露几时乾

君家若向寿多少
八卦加来二五年

順其所欲刎頸何难
拂其所欲發怒如雷

妹因故再嫁從人
數中不幸

室人若能配
蛇馬許無刑

連宵風雨
名山怎遊

八百一十　の十六四　是歲須知有別离　塵封菱鏡恨悠悠

一　の十三の　父命当殁　數不可過

二　八子居乾　前定

三　命犯刑孤　五歲未周而剋母

の　八子居兌　在數

五　十年春樹頹　大木衰慈幃

六　五十二　春入画堂中　陽和物色濃

七　暫离洞府神仙宅　未到人间作富翁

八　骨肉有刑　九歲未周而喪母

九　母命庚子生　前定

八百二十

一 二 三 四 五 六 七 八 九

相夫年：：生財穀　孟子昌隆家道成

霜鬢自能娛晚景　古稀之外憂黃粱

八子尾帝　數定

河洲配偶未能終　暮鼓晨鐘數內逢

二十一二
凝眸新綠　須知好景將來

五十六日
浮云踪跡是偕同　到处青山伴我行

八子尾龍　數定

母亡未年　合數

八百三十

一 二 三 四 五 六 七 八 九

四十八七

六十八四

四十八七

父属金母属木

大子属羊

君家妻与子

流年必有数盈悲

春风处处园林好

数有十子

近水楼台先得月

姻缘辐辏前生果

翁属乾

妻属水合数

数定

帮带一齐来

夫妇相刑厚有穷

秋月杨花逐岁华

七子送送

向阳花木易为春

子即从妻一日来

姑属大

八百四十

一 二 三 の 五 六 七 八 九

の十の三 登楼观皓月 雨過復青山

二十五 挂阁團々梅影月 花出陣々透簾風

二十六 同胞分子女 稟氣一双生

君家若問寿 七十有餘零

旺夫添瑞氣 益子振家声

结髮妻宮定有刑 再聯琴瑟丑生人

淡々根基不足 世人帮助亦無缘

二十の三 無端風雨落花 夫妻別唱驪歌

八百五十

號	註	上	下
一	卅二	流年不幸有刑傷	驚起夗央各自飛
二		逸到翩翩美少年	風流却是地行仙
三		八子屬牛	前定
四		亥年尅母	合數
五	五十八	流年不幸	應有鼓盆歌
六		若問壽數應多少	八九加增十一春
七		八子屬馬	數定
八			
九		流年得子	數定屬龍

八百六十

一 二 三 の 五 六 七 八 九

卅二 六十八七 七十八七

八子屬鼠
蒲團世塵積穩坐
歸衣促使登仙道
不須卜甲子
身閑心自穩
父屬金母屬火
其年延過
孔雀屏開招快婿

前定
香繞禪堂透性靈
九轉黃芽煉不成
甲子有餘零
吉凶不相關
合數
還有三年
誠為半子梟天年

八百七十

一 二 三 の 五 六 七 八 九

二十九 卅

四十二

二十九 卅

翁尾甈

鸞鳳宜常棲枳棘

七子尾弟

石路崎嶇

燕子從来壘旧巢

瑞氣化為祥

四八交来運可換

他年定析蟾宮桂

姑尾猪

鷗鵬終是奮云霄

前定

穩過無防

曉鶯啼柳更交加

门庭亨泰昌

此後圖謀世續斷

萬里云程足下生

八百八十

一 二 三 の 五 六 七 八 九

卅の三 廿八七 卅の十九 五十二 卅八七 早十又日 卅八七

不幸兩亲早逝

繁華不占春光早
人逢吉慶多添喜
半醉半醒花冉冉
踈竹長成防外患
總聞喜鵲簷前噪
否極泰來
誰毀誰譽
梧桐逢夜雨

亲娘改嫁良人

冷淡寧甘秋後景
月到中秋倍有輝
間愁間悶雨霏霏
誰知禍起在蕭牆
又听烏鴉遶屋鳴
無有掛碍
毋往毋復
桃李遇輕風

八百九十

一 の十二
奇謀奇策千般逊　于橐于囊焉貫金

二
冷落何知结髮恩　如花野处别离情

三
早限虚花中限成　半生跋涉半生寧

の
结髮妻宫定有刑　再娶琴瑟亥生人

五
毋乙戌年　此刻方准

六 廿二
家喜貴人多薦拔　一朝入泮冠羣英

七
行至関山夜雨　一双鴻雁分飛

八 七十八四
閑来可与棋為伴　遣興還尋旧賦詩

九
翁属猴　姑属乕

九百零

一 二 三 の 五 六 七 八 九

の十九

翁居猴
翁居猴
母命壬寅生
酉年喪母
命多冲破
七子居犬
往事莫嫌破復成
却向空门向佳配
翁居雞

猪居馬
姑居虎
數定
合數
年未五歲先尅父
數定
四时花木小陽春
粧前依旧画娥眉
姑居鼠

九百一十

一　二　三　四　五　六　七　八　九

翁屬雞　姑屬牛

卅人口　春風虽洒画　啾唧自家知

巳年剋母　命數

廿二　劍鋒生赤電　馬足起紅塵

母亡水年　合數

四十人口　洒天之霧冷腮〻　意與妻〻恨不休

七子屬猴　定數

翁屬猴　姑屬犬

九百二十

一　卅の三　彩里片帆軽　波平舟不驚
二　翁属雞　姑属猴
三
の　の十九乾　有意得来過意失　冥来得失空費力
五　七子属雞　定数
六　翁属雞　姑属兎
七　卅二　秦嶺云横　巫山雨洗
八　翁属雞　姑属蛇
九　翁属鷄　姑属馬

九百三十

一 二 三 四 五 六 七 八 九

七子居馬　前定

二十四三　將軍領帥符　戰士臥龍沙

七子居乾　前定

十九廿九　琴瑟和諧正少年　先天宿泪斷絃声

室內之人　不同佰歲

申年喪母　此刻方准

二十廿九　鴛鴦折散在中年　菱鏡塵封恩情斷

九九添三載　君家可辨程

九百四十

一 二 三 の 五 六 七 八 九

午年剋母
翁屬猪
翁屬猪
公姑仝屬犬
母命壬子生
一双玉手千八桃
翁屬犬
翁屬犬
翁屬猪

此刻方准
姑屬馬
姑屬龍
前定
前定
半点朱唇萬客嘗
姑屬鼠
姑屬虎
姑屬鼠

九百五十

一　二　三　の　五　六　七　八　九

丁亥之年　名当高荐

问寿刚五十　欲多患隂隲

细讀詩書可向名　其年国孝列諸生

初為邑宰　後至黄堂

辰年尅母　方准

君家问寿几多年　九旬有四在其间

九百六十

一　二　三　四　五　六　七　八　九

卅二　の十七　八

映雪囊螢若夜吟
流年喜事多
重陽九月
逍遙白云外
七子屬龍
君家向壽夜多少
卯年喪母
此數之中

杏花春雁塔題名
名垂失覲戚
數完事畢
來去赤域中
前定
八九應添一二年
此數方准
火木年來病必逢

九百七十

一 二 三 四 五 六 七 八 九

二十七 八　卅不四　卅不四

戊午之年　名薦天朝
陽和運轉　溫暖時光
七子居兌　一定在數
道法詞狂亂　權言服老帝
吉立門庭喜氣揚　設慶獲祐福相將
師命當子午卯酉　方合此數
毋亡丑年　是歸期日

九百八十

一　口十二　桃源洞裡居人汸　桂樹山中住日長

二　戊戌之年　名当高薦

三　早入口　白石靜敵蒸水火　清泉間淡桂花出

の　戊申之年　名薦天朝

五　子年尅母　方合此數

六　母命屬火　合數

七　結髮緣分薪　别正妻和室

八　六十入口　莫道坦途無暗穽　須防拳石碍高低

九　已卯之年　名薦天朝

七子屬牛　合數

九百九十

一　二　三　の　五　六　七　八　九

二十八

壬寅之年
寅年尅母
不愁風細〻
錦緋鋪張汸洞房

三十八

登山不見神仙面
壬午之年
生來惟我
北堂有尅

四十六

齊眉逐愁壽難齊

名薦天朝
合数
犹恐雨滂〻
梅玄錦帳有刑傷
莫若尋常且待時
名達天朝
兄弟全無
應在金年
鏡破釵分又別離

兌數

十千

零 一 二 三 の 五 六 七 八 九

卅二
五十二
卅九 の十
卅三 の

女命偏枯
天狗臨垣
女数在他宮
鱼浮三江水
時掩紫扉避浮薄
三旬之外
戲水死央已析膏
山前山後皆明月
未遇童限有重関

嫁婿不和原有数
長次有憂
不嫁东卿原有数
花開二月红
只将花卉拭冬春
数难免于续娶
再调琴瑟亦生兒
江北江南总是春
当年之患死而还

一千零

一	二十八	柳綠芊朝烟	春暖花開二月天
二	七十の三	連陰半月無光	坐臥愁容竟可傷
三	の十九	多逢折挫黃金盡	愁入春風花艸稀
の	六十 六十九	一夕秋風江浪潤	滿山空雨雁声淒
五	七十六 二	崔歸東海春光曉	花落向階半雨晴
六	七十 五十	近來詩與清如水	世景塵埋落似云
七	四十 五十四	西湖東海浪迷天	一處愁心兩處懸
八	六十 の三	紅桃如火柳如烟	欲渡危橋少渡船
九			

二十

零 一 二 三 四 五 六 七 八 九

三十八七
卅 平九
十 廿九

外家才旺生身
有子如琢磨之玉
長子属鬼
父母宫中多旺
二句不消
邀日朝開戶
愁中知己無如酒
六亲冷淡
新愁旧恨应难説

妻有銀箱金帛
價重連城
定數
双亲福寿綿綿
棄親別故
推云夜掩门
客裏傷心最是秋
情疎意絶不須言
半在眉间半在心

三十零

零	四十八七	雲中有雲	欲行難進
一	四十八七	慢憐人去埋春雨	却向孩兒哭晚風
二	卅二	陰雨迷天	傷心只自憐
三			
四		先在他家為側室	後当為我次妻房
五	平十大四	村逢遠山松柏暗	柴门流水稻花香
六			
七	卅八七	約畧酒家山店遠	依稀流水板橋通
八		有貴子在數	陰德所至而生
九	四十四十九	千漲雪消溪影綠	几枝梅綻海波平

四十

零 一 二 三 の 五 六 七 八 九

卅八七　平十平九　の十一二　廿又口　平十八七　の十又口

季春之月　數完事畢
笑容嬌態抚堪賞　舞志歌懷只自知
花燭夜夜　或為刑傷
一院落花皆醉客　五更殘月有鵑啼
百卉争妍雨乍晴　春風和暖近清明
運逢三六九　灾厄不可逃
幽徑定宜酒共人　寒塘好与公為憐
將成事業还分散　步得園圓空怨嗟
五音六律　色色皆知

五十零 一 二 三 の 五 六 七 八 九

菊滿東籬 此是歸期

の十八四 弱柳千条杏一枝 半陰半雨半垂綠

親戚固多 助我者少

卅八四 紅綠儂同三月景 丹青不改四時春

母氏曾爲瘵 數定續父絃

二十卅九 荆棘不當車馬道 管絃常奏太平時

卅の三 和陽好景人难到 常樂常愁只自知

其弁得子 數定屬羊

六十

零 一 二 三 四 五 六 七 八 九

深閨独秀　鮮花一朵

先天註定　毋數遭刑

六十二　几歆放懷拋未得　不知世事為何如

六十二　野花重發艷　枯木又逢春

五十八　中秋天氣　倍覺淒涼

四十二　石家金谷水空流　順逆相逢在此秋

此子多富貴　三大九歲宜保守

四十二　狂風野艸迷中恨　秋月春花分外情

卅　四十九　事多疑　难審詳

七十
零　一　二　三　の　五　六　七　八　九

四十四
愁見鄰烟遮路色　雁聞溪水下灘声
長子居邨　定數
卅二
鳥散落花人自醉　馬嘶芳艸客添愁
廿二
是梟非梟　不幸而幸
君臣梟在世憂病　子母錢來不患貧
五十九
樵客出來山帶雨　漁舟歸去水生波
真假見郎送我終　數定先天兩字中
翁居亂　姑居大

八十零

一 二 三 四 五 六 七 八 九

の十二
十三の
五十九の十
の十二
の十二
卅九の十

夗央未挽同心结　随聘先傷一生门

云收喜氣星槁汸　雨拂糸塵月殿空

花間酒氣春光暖　竹裏書声夜雨〻〻

处是知已名是累　陶真不飲酒為鄰

若世门外風波　定有家庭不吉

不是人欺　運逢險山戕

三子属牛　定數

江南春到　百卉將红

父母宫中多旺　双亲福寿绵〻

九十
零一二三四五六七八九

卅九
四十

二十三
四

九九之寿在数
中有一関險過

父亡壬癸之年
此刻方准

五星伏逆
浮子遲遲

三子屬虎
定数

月令仲春
辞世逆塵

夫亡火年
此刻方准

重重疊疊
婚姻譜工多刑

春傳梅意
百卉將红

東谷笑言西谷响
一番新雨一番晴

一百零

一 二 三 四 五 六 七 八 九

一生来有遂風光好
門館無私白日用

二子属兔
定数

不作蓬莱山島客
定為天子殿前臣

生来命孤独
兄弟一人無

七十八七
閒看遠岫之無碍
静愛庭窓月色明

兩对飛鴻
共巢異志

廿卌九
甘霖虽来至
旱魃已潛消

六十八七
逢花開霽
古樹落秋陰

一百一十

一　一闻便悟他人意　見識能知情性長

二　六親骨肉皆情淡　妻子遲招不犯刑

三　六子属牛　前定

の　我生不辰　親母生而継母育

五　卅八の　卅亭新盖　無愁風雨之淋漓

六　卅の十九　金火相争　心意不同

七　欲識帰期　端陽寿阻

八　七十一二　昔年未知方外樂　暮年心性夢中忙

九　廿一二　谷風佛曉　万物發生

一百二十

一	二	三	四	五	六	七	八	九
六十二二	四十八四	七十四三		五十二二		五十六四	四十八七	
秋至井梧飄風葉	偶倚画簾觀霽色	数内見郎堪羨慕	僧舍覆棋消白日	数旺先天	争先經路机関悪	大限逢辰	魚遊春水	日正中天雪漸消
夜深竹窓不勝寒	俄然雲起又雷声	智巧全備享榮華	市樓酌酒度春秋	父蔭更兼祖業	退後語言滋味長	数有一缺	洋洋自得	好將旧木接新条

二百三十

一 二 三 四 五 六 七 八 九

六十八七 移花接木 度過不為凶

六十ス口 無疾亦甘実 舊地帰泉事可哀

卅四十九 好運既行 前程自在

卅ス口 鶯啼豈能無本意 良人未必有佳期

鳥鵲失巢長不定 飛来庭下且棲棲

四十八七 早子不能得実 遲招方許送終

福自天来 不謀而合

廿ス口 雙眉不展幾多春 今日逢時喜氣新

卅二、 四子属鬼 合数

二百四十

一 二 三 の 五 六 七 八 九

六千九 七千九　の千六百　十二　六千七八　卅二

其年得子　數定屬兒

少年歷遍崎嶇路　壯歲應逢大有年

葭管飛灰陽動秋　君歸杳冥不須留

果實于偏房　花開于正院

總喜輕塵消陌土　又憂風雨到階前

正室偏房　雙雙喜見于此歲

父母生我父母送我　悲哉悲哉

天氣從人　門庭喜氣新

謀之有成　得心應手

一百五十

一　二　三　の　五　六　七　八　九

の十九の十　五十の三　卅の三

花出綺陌
寒食禁烟節
無花莫酒
楡柳新晴

二十九卅　卅七八　の十九の十　卅五六

春天方半
凤恬浪息
年登耳順
陽春一至
大限子年

中秋佳節
是我歸家日
意興蕭然
处处乾坤如画
重重花錦鋪云
事可以說
內外舉觴稱慶
艸木敷榮
數有一缺

一百六十

一　卅四　方嗟山廊之風寒　却喜梅梢又到春

二　二十一二　節序頻來　無可為樂

三　三隻飛鴻　共巢異志

の　卒十九　菓炉火未息　一去不來生

五　五十九　德与時新　永膺戩穀

六　の十七　所欲之志　屈而未伸

七　七十八七　掃來花辭和不埜　咏嚴詩章只有刪

八　の十六四　天意護人　吉隨祥至

九　の十二　梅彈打下花裡夢　秋針刺水晌中天

一百七十　一　二　三　の　五　六　七　八　九

四十二

の十千九

十の三

七十千九

卅の三

日暖風和　氣象添新

流年若向事如何　几番吹咲几愁歌

有女当為妾　他日富饒不必説

庭下青台　雨潤其色

荣辱已抛塵網外　是非不到水雲间

不共椿生共萱育　飛集于巢成昆玉

会稽勝地　可以遨遊

君家星卜久潛心　根吉淡函理家深

一百八十

一　二　三　四　五　六　七　八　九

十の三　詩云忽起　明月無輝

二十八　急水行舟　輕風相送

君之後裔不非輕　乃是心田種所生

木令当權　數当告止

卅の十九　夜半一陣三更雨　送尽飛花入水流

四十十九　春光淡淡　碧水溶溶

西水無声空作浪　綉花有色不聞香

十廿九　父失母木妻是土　合數

大限已年　數有一缺

一百九十

一	の千二	莫道清〻明皎月	后云忽起隔天涯
二	の十平九	月出樓台	可以賞玩
三	七十の三	独坐看秋月	清光実可依
の		五月炎热	君教当止此
五		有意成仙骨	世心恋世塵
六	卅八七	欲望前途径遥	偶逢捷径有通橋
七	十ス千	鳥棲茂林	忽被弾驚
八	卅二	凝露惟清夜	愁懐似有無
九		親生之子鏡中花	承継見郎續孝蘇

二百零

一　大限逢午　一缺難逃

二　卅九　廿の九　花開如錦甚心悲　作事多歧渾欲悲

三　廿の十の三　神祐家康多安樂　顛倒不足免煩嗔

の　の十九　十十　涓于不濟——必多消耗　勝々不侵

五　七十の三　貂裘已蔽　風來夜氣清

六　六十十九　星月滿天兮

七　八月々來華　歸期々已定

八　卅不九　總有春風妻又寒　秋來萬恨集眉端

九　の十の三　經廿逢三徑　庭花撓四愁

二百一十

十　毋亡丁年　此刻方准

一　卅八七　樂而無憂　时遇其康

二　命中注定休煩惱　说你世兒勝有兒

三　流年得子　属馬

四　卅八七　徑卅虽未碧　池水却巳融

五　夫亡末年　方准此數

六　若问終身寿　三十加添二六年

七　其年得子　數定属猴

八　生来惟我　狮妹之數定無

九　九子属土　方合此數

二百二十

一　乙年尅母　合着此数

二　数中双果　送我歸西

三　君家君問寿多少　八卦加乘十二年

の　十五 六五　三陽物轉　梅花几点綻寒英

五　七十ㄨ口　耆身跳出塵世界　一点多心識洞天

六　大限申年　一缺难逃

七　鳳侶鸞儔　永配團圓到老

八　七十ㄔ十九　支陷而不知　有赦幸無失

九　二十の三　總見花開　时光堪賞

二百三十

一 妻亡火年 合數
二 臈月空極 君歸是極
三 十子屬金 合數
四 有口不能談巧語 天年數定不差移
五 妾為繼室 披甲為尊之數
六 毋亡辛年 此刻方准
七 性巧心靈 聰明俊秀
八 夫亡金年 合數
九 惜苦念貧 積德救人

二百四十

一 二 三 の 五 六 七 八 九

二十九
卅九

未及拜賀新正 早辦歸程故事

閨中独秀 並無姊妹

撥開天工雲千里 放出当空月一輪

夫亡水年 方准此數

大限丑年 一缺难逃

歸期〻已定 不及看龍舟

不寒不暖良家女 無是世非宜室妻

君家若問天年事 寿到古稀又八年

二百五十

一 廿の三 好孔富人家 末居貧而樂

二

三 其年得子 數定屬鷄

四 子年尅妻 方合此數

五 夫生秋季 合數

六 卅九の十 旨云飛過 月朗星稀

七 君家若向壽 古稀又六年

八 洧頭帶雪 方是歸期

九 妻亡丑年 合數

一百六十

十	翁屬猴	姑屬鼠
一	翁屬猴	姑屬牛
二	寅年尅妻	定數
三	翁屬猴	姑屬兔
四	卯年尅妻	註定
五	翁屬猴	姑屬蛇
六		
七	父屬虎	母屬鷄
八	翁屬猴	姑屬羊
九	翁屬猴	姑屬鷄

二百七十　毋亡癸年　此刻方准

一　一千七十九　画錦寿延開　見孫慶福来

二　腹秀心中巧　禀性自天生

三　四千一十二　嚴親定作歸西客　祈保徒勞總無益

四　一千七十九　無同孤自抬頭搖　此日閻君下帖臨

五　庚年喪母　方准此刻

六　流年淂子　定數屬牛

七　一千七十九　三妻拖李　却嫌微雨湏濃

八　心慈常念太甘苦　積德扶人是本心

九　翁屬猴　姑屬豬

一百八十

一　夫生季冬　前定

二　不道中年尚未逢　三春楊柳遇三冬

三　翁屬雞　姑屬虎

四　運行五六始亨通　財喜同臨入命宮

五　五隻飛鴻　共巢異志

六　積德於人促後昆　子孫富貴得長生

七　大限逢寅　謹防一缺

八　翁屬雞　姑屬豬

九

二百九十

一　二十六五　事敗而復成　花好在三春

二　妻亡土年　方准此刻

三　躍過一重溪　直到三三教不迷

四　卅八七　足誇青云辞白屋　手攀桂枝上云梯

五　夫亡土年　此刻方准

六　君家若向天年事　雪鬓皓然方始歸

七　卅八七　雨後落花紅滿地　風中飛絮暮潮中

八　謀事如心中限事　巨舟風送白漫天

九　翁属鷄　姑属羊

三百零

一　翁居鷄　牯居犬

二　十七八　小順大逆　作事須慎

三　翁居犬　牯居牛

四　六千三の　風吹敗紫漫天舞　雨打殘紅滿地悲

五　の千三　運限不濟　謀為多阻

六　四千六の　滿地殘花緣夜雨　一林病葉為秋霜

七　の十三の　芳艸逢春發　芰荷當夏出

八　青年遭際事和同　謀合如心氣象隆

九　二千三の　杏子肉陽紅不變　柳紫著雨綠初勻

三百一十

一 二 三 四 五 六 七 八 九

一千八四

廿病亦廿灾
驀起禎帖自陰来

水火之年
魁子合数

其年延過
後有豐年十五

終身之運
玄花晚節

焚香礼佛為尼
忽作洞房之歸

二千六二

李白花紅三月天
郊原芳草色新鮮

翁属犬
姑属兔

二百二十

一　早運費精神　晚景方安然

二　四十七八　是〻非〻未有停　東撑未久又西撑

三　幼年疾病相侵　三六九歲宜保守

四

五

六　四十七八　波過波涛風路穩　小舟近岸反生驚

七　二十一二　運不逢时　謀〻失利

八

九　四十午八　光明之象如日之午　中限亨通事無不可

三百三十

一 勞心力以成家 費思慮而立業

二 流年得子 數定屬蛇

三 初年壯歲 喜逢順水行舟

卅二

の 人言平步上天難 足下云生頃刻間

五 口似利鋒 心如直矢

六 寿数有七旬 但怕中間一渡津

七 綽约柔和性来灵 能通文史与经書

八 為人豪爽 濟困扶危

九 翁屬犬 姑屬龍

三百四十

一　子規啼血滴紅烟　椿萱喪服兩連綿

早半九

二　早年運混逐多病　積德延生保天年

三　數有水木子　合數

四　翁屬犬　姑屬蛇

五　翁屬犬　姑屬豬

六　濃情以待人　慷慨以处世

七　翁屬犬　姑屬羊

八　大子屬豬　定數

九

三百五十

一 四朵桃花 榮枯自別

二 翁屬犬 姑屬鷄

三 爲人慷慨 不計小利

の 翁屬猪 姑屬鼠

五

六

七 卅二 卅緑遍郊外 花紅滿大川

八

九 七十八九 面容九摺尤荷色 此日閻君下帖招

三百六十

翁属猪

帖属猴

一

抛却残書

可得陶朱事業

二

午十四三

朧雖枕效

大限当终

三

寿天虽閔命

積德可延年

四

先死後果

结子堅牢

五

平不日

只道旧年常下雨

今年还有不晴天

六

若向终身事

霜雪沥归期

七

大限逢卯

数有一缺

八

重徙双親

寿元可久

九

翁属猪

帖属犬

三百七十

一　二　三　の　五　六　七　八　九

の十九卆

廿六卆

氷炭之象　居于大親之中

雷動禹门桃浪暖　風和日暖化魚遊

黃冠野服一仙流　不在風塵伴侶儔

五八美運逢　謀事盡亨通

壯歲多成敗　榮華在晚年

少年景象可圖謀　不勞心力自如心

壽限當完　其年有阻

三百八十

一 の千卆九
声名四海鎮边疆
掌握兵权助圣主

二 二千八七
下温下乾墻上艸
輕寒輕暖の时花

三 二千の三
喜氣如春至
才禄尽如心

四 口千卆九
数点雨余经先断
一声隺洞杜鵑啼

五 七千卆九
只坐下棋全美勝
争手誰知着々差

六 口千卆九
勿嫌志圃秋容淡
别有黄花晚節香

七 の千二
裁花飲酒
莫不為荣

八 口千八七
掙過今年春葉落
須知来岁柳条青

九 十の三
几番弄巧多成拙
正欲求才反破才

十
据花多遇雨
似月下高云

三百九十

一二三の五六七八九

十八口 潄柳不禁三月雨　奇花無奈杜前霜

夫命已亥生　合數

口又 急水難流灘上月　利刀難剪鏡中花

口十八七 金童玉女下瑤宮　連樓惹系入夢中

の十二 回欲加鞭馳駿馬　誰知前路过危橋

卅八七 下雨下晴迷路逕　輕寒輕暖困人天

四百零

九	八	七	六	五	四	三	二	一

為人豪爽義俠　提携帮助施仁

廿十八中　慈親此歲遊仙去　定赴瑤宮不立堂

早千九　慈親此日赴黃泉　白髮見郎涕泪連

無心之处成家業　不意〻中利祿生

休嘆六親情寂寞　还嗟骨肉兩惶〻

君家若向婚姻事　先到家中后結親

四百一十

十一二三の五六七八九

几次黑風吹大海　不曾番得釣魚舟

夫生春季　此刻方准

の十の三　謀為趋險道　不如勒馬且收韁

五十八五　萬里江山無阻滯　名利場上好施為

妻之壬癸之年　方准此數

原配婚姻須斷續　早招兒女有虛危

中年尅妻　前定

四百二十

一	二	三	の	五	六	七	八	九
口十一二	の十八四		卅三の					
守株待兔不得兔	莫誇無駿馬	夫生夏令	好消息之年	妻亡酉年	重拜双親別立宗	妻亡戌年		
張網求鴻不得鴻	休乘月下舟	此刻方准	得意事從心	准数	身居湖海一帆風	合数		

四百三十

一 二 三 の 五 六 七 八 九

妻亡甲乙之年 此刻方准

妻亡午年 此刻方准

の十七八 畧光順風遭屈西 喜逢險地也呈祥

ロ十一二 流年不必向行藏 枕如衰草怯秋霜

ロ十九 五十 意欲賞花並賞月 何期風雨阻前程

ロ十一二 已謝之花重再發 四湖之水復生波

妻亡丙丁之年 此刻方准

文章事業虽無味 刀筆功名实可誇

四百四十

一 卌の十九 未年喪妻 此刻方准
二 卌の十九 莫道天常暖 須防不測風
三 卌の三 莫入驚人浪 而尋得意魚
の 妻亡戊己之年 此刻合數
五 二十八七 花落只因連夜雨 葉飄皆為五更風
六
七 二十八七 莫道寒梅多冷落 春風時送暗香來
八 妻亡庚辛之年 方合此數
九 妻亡亥年 合數

四百五十

一 二 三 の 五 六 七 八 九

卅八
姻緣輻輳前生果　註定夫妻同庚生
往来事業清如水　今日源頭活水来
翁属羊　姑属猴

卅二
得意之中防失意　無心之处要留心
翁属羊　姑属犬

の十二
暢飲天然趣　招呼美事多
翁属羊　姑属猪

翁属猪　姑属鼠

四百六十

一 二 三 の 五 六 七 八 九

七八

の十九
十九

翁屬羊　姑屬馬

心性三分急　行藏强出頭

翁屬羊　姑屬蚘

似玉藏礩石　如珠潛水淵

翁屬羊　姑屬兔

花落花開象　生涯賴有天

翁屬馬　姑屬猪

翁屬馬　姑屬鷄

蒼蠅亙破無瑕玉　不費資財也費心

四百七十

一 二 三 の 五 六 七 八 九

八十八七
半夜笙歌声不歇　微風吹動烟明滅

卅八七
黄金出土祥光現　皓月高云萬里平
時介年根　再撥琵琶續斷絃

口十九
萬里江山無尽頭　湧停舟処且停舟

の十八七
春雷振起穴中龍　脫却塵凡工九重
洞房花烛夜　白家雪花天

四百八十

一 翁属馬 姑属兔

二 甘居陋巷樂清貧 氣象之明自有成

三 祖業耽於磨刀石 日見其舒

の 巳年尅妻 合數

五 翁属羊 姑属牛

六 妻喪辰年 此剋方准

七 翁属羊 姑属鼠

八

九 翁姑全属馬 合數

四百九十

十 一 二 三 の 五 六 七 八 九

五十六五

少年难逐胸中志　壮歲何愁不称心

其数没　雨打元宵灯已绝

父属水　母属木

同枝手足遇東亦凤　数内椿同萱不同

白虎口中成事業　青龍頭工起家園

情如活水难分斷　心似灵犀隔也通

五十六五

作事無功空自劳　秀面不失性生描

逆妻搦子前生定　有藥难医病在心

五百零

一 二 三 四 五 六 七 八 九

不圓享福不圓安　性直施恩反招怨

生來見識寂高明　几番破散几番成

先任郎官　加之司寇

二十八七

春晴桃李放　秋霄菊蕊開

二十二

釣潟魚兒失却鈎　半憂半喜在心頭

閨中寶鏡多塵積　洞緣隄防双理双

五百一十

一 二 三 の 五 六 七 八 九

素生之子鏡中危
偏室之見緒孝蔴

卅一二
巧处得来拙处消
鳥飛力倦来山高

四十一二
枯木得荣
冬去春逢

廿七八七
倉廩空虛门面寬
無船虽巧欠風帆

不十八七
亨清向而延岁月
喜佳慶以度春秋

独步天衢披着紫衣
鍾鳴鼎食澤被王畿

道得黄庭是本经
叮嚀朱履拜三清

廿六十
一溪清水道鱼戏
三及春雷號久珠

五百二十

一 二 三 の 五 六 七 八 九

四十の三
財旺生官女丈夫
生成伶俐有稱呼
事已得而傷失
暮云秋色

卅八五
曇花彂彩添新色
碧水連開大地春
朋友之間最有情
若言骨肉兩相爭
延過五九怕七二
挨過之后有七旬
禪齋僧勝性光明
丹丸煉就悟才真

の十八七
棄罷對花飲酒
醉來揀韻步詩

五百三十

一　二　三　の　五　六　七　八　九

卅七
卅八

不將手近污泥　財利焉能到手

寶鏡又添新氣象　禪房幽靜勝西方

洞房有花顏不老　仙家無事日長明

二十九
卅

窮耕儘可圖安樂　何必經營利市塵

十事謀為九事空　一心西去又還東

七十
八四

教当絶处夢南柯　富貴黃金奈若何

五百四十

少年運道多逢蹇　中歲謀爲遂意多

一　卅九 四十九　急急巳巳過半生　剩今一事也無成

二　爵居方伯之尊　亦是外台極品

三　交情全管鮑　立志蕩凌雲

の　四十二　帝寵星辰遠　天恩雨露新

五　手捧如意因子顯　誥封方信事來真

六　二十三 四三　一日陰晦一日晴　半籃風雨半陽春

七　吳椿先被風吹折　萱艸秋風晚節堅

八　卅二 二　利可求　前逢進步往他州

九　廿八 八七　炊臼夢凶嗟寂寞　閨中失卻棄疑人

五百五十

一 二 三 の 五 冂 七 八 九

卅八七
七十八七
口十九 口十

一生事業强支持
怎耐身心未許间
運明洵月
早子寃花添煩惱
暮道歲華成暮景
靜坐僧房念般若
綽約柔和性本剛

骨肉親情事不宜
才如秋月隱云向
漸減清輝
遲招淂实在心田
翩〻侠氣勝当年
逸居佛舍晤菩提
能文能武壓羣英

五百六十

一 二 三 四 五 六 七 八 九

五行帶秀心中巧　不讀詩書事〻能
一生有餘自足　幾番巢裡添憂
昔年已折鹿鳴歌　幾遍長安未遇何
一舉兩番湯餅会　双〻捧出掌中珍
鷄鳴消息重〻报　大吠功名事〻成

子六二
帰来捧檄娛親日　富貴榮華盡日间
奕罷撫琴呼竹葉　醉来吹笛弄桃花
子九 午十
昔年豪氣望長红　回首功名居夢中

五百七十

一 二 三 四 五 六 七 八 九

七十八七
明月團圓处
云迷宇宙昏

卅八七
數逢天哭星臨
母數危当入九泉

半生劳碌財难聚
晚景方知怀抱寬

年来天哭星臨
喪却成家之子

卅不口
流年喜事臨
有款尽從心

口十一二
回首須知事已除
也須鏡裡嘆韶華

五百八十

一 二 三 の 五 六 七 八 九

廿の三 旱苗得雨 頓起生花

父母巳卯生 合數

の千乂口 為山九仞 功虧一簣

卅二 失得物喜 謹守無虞

廿乂口 青云得露 喜氣語常

六十二 角頭难展意落落 祿馬双全福寿隆

の千千九 五湖四海尽行船 高掛凤帆把舵堅

五百九十

十 一 二 三 の 五 六 七 八 九

の十の三 劳心劳力欲成功　待浮花開又遇風

卅の三 四野昏迷日欲西　行人前往步难移

墙外桑麻屋後田　闲看書卷倦时眠

の十九の十 首頭一舒一歲　巢处生憂

頃登台而拜將　或祷席而呼神

半生休嘆家南北　萬里関山歷覽回

六百零

一　毋命戊申生　誕定

二　二十八七　運至衣冠皆生色　時来步履也通灵

三　十八七　莫把琵琶乱撥　須防別調云迷

四　狼虎叢中敢向前　生来近得貴人顏

五　二十九 廿九　兩足江村　草木重新換色

六　許君一子送終　方慶蘭歌之兆

七　十六二　斗轉心移　風微雨细

八　翁姑全属猴　數定

九　豐工掛棋盤　有手怎樣安

一百一十

一 二 三 四 五 六 七 八 九

二十八七　八十八七　卅九七　二十一二

牛羊運到利名成　跨鶴楊州踏錦城

江村一隻小鱼舟　空費綸緡無所求

四野蒼蒼風月向　遐齡松柏寿長年

巧中成拙拙中成　每向求安变作驚

一喜喜逢双喜快　兩璋渥弄庆嘉祥

未经寒食花先謝　不到清明柳絮飛

早恨圖謀事業凋　融融氣象晚年高

六百二十

一 二 三 四 五 六 七 八 九

卌
六四

五千
千九

十
卄九

の十
二

七
八

二千
六四

三雀高飛立海边
自立之中自不间
春色十分濃
春正濃
花裏泉声听鳥归
歌精声猶嚦
琴瑟和偕正少年
務本忠誠厚儉

独留一隻立人向
欢心乐处有憂煎
万象将终復發荣
梅蕊成椒欲破瓆
静中猶有是和非
将行羽尚凋
何期弦断使人悽
立身寛恕慈和

六百三十

一 二 三 の 五 六 七 八 九

蟠桃三度熟　壽介八旬餘

黃花晚茂　花甲一週零

五十六五

回首故鄉千萬里　夢魂已赴落花声

許君五九加一紀　穩如盤石不須憂

青年蚤被聪明悞　閒裡生涯覓利多

四十六五

安閒每見多辛苦　享福之中又隱憂

六十六五

數已無　好花零落奈如何

六百四十

一　二　三　の　五　六　七　八　九

六千七十九

花正芳菲春色好

劳力劳心事事早

七千七十九

壮歲功名江上雪

六親骨肉多不足

藝術方能奇巧多

五人有刑

春早好花開早鮮

六千六十五

平生志合高人意

故已世

虛名獲利初难遇

妒花風雨霧漫天

妻財子祿晚年逢

早年事業水中鷗

兩裏桃花風裡燭

高人相合半世孤

再娶辛卯生

云中皓月缺还圆

口直常招小輩嫌

榴花噴火夢南柯

跨馬騎牛事後亨

六百五十

一 五十九/六 一週甲子未完全 夢往華胥国裡边

二 數已無 桂樹飄出入南浦

三 卅三/四 費心費力莫怨劳 時逢美处放心佳

四 卅二 勿心焦 胡茄声断椎楼暁

五 若欲枝頭結菓实 培根積德始能成

六 七十四/八 其人數已完 寿元臈月終

七 寿美不齐 預宜積德培心田

八

九 四十五/六 安閒中有多辛苦 自东之中有隱憂

六百六十

一　卅四十九　風雨窗前君子竹　蕭蕭今日報平安
二　三十六十四　妻而遲來子亦遲　早招刑剋不相宜
三　二十六十四　月朗星稀　南枝三匝未能棲
四　　禍患相攻　龍爭虎鬥互相沖
五　廿卅九　六合相逢大有功　名魁邦国利無窮
六　　不如隨分過　万事總由天
七　四十四十三　人聰明而事業鈍　志氣高而運不足
八　　塵緣事業尚重重　暗入南柯一夢中
九　　空拳創就規模　白手掙成家計

六百七十

一 果是柔和可治剛 名奇一品侍君王

二 卌〤十九 捲舌磨牙 言事交爭

三 〤六十七 凡事磨折頻招口舌 平地風波事園沒鈇

四 〤十二 如何如何 憂事多多

五

六 六十七 歸舟只載惟明月 枉把精神日夜忙

七 十二 譬如初三四月蟾 半無半有未完全

八 〤六十七 船尾洋洋深水中 吞花唼影遇魚翁

九 七十〤三 蜀道如天險 嗟峨未易通

一百八十

一　二　三　四　五　六　七　八　九

五十二
四千四三
二千四三
卅
八四
四千四三

春風秋月云水許　好向林泉樂有餘

崢喋做出人頭地　順水流舟去不停

不須驚　一輪明月在東昇

談古論今三寸舌　常安道上說書詞

工蒼垂祐　吉慶平安

慷慨風流性更強　半生事業費他鄉

得利能消駁　盤旋強自如

六百九十

一 二 三 の 五 六 七 八 九

十九 廿九

不堪說
心悲由前定

廿五 廿八

駕得扁舟過洞庭
根基風裡燭

の十二 六十の三

別是清幽景致
一經落花啼鳥

卅七 卅八

動靜机關打未開
自有範模手段

杜鵑啼落枝頭月
性快出天然
風息浪靜水平平
早年事業雨中花
隴頭常伴梅花
半川流水寒鴉
微風細雨強開懷
惟以橐籥机關

七百零

一 二 三 の 五 六 七 八 九

卅八七 の十八七 廿二 廿八七 卅二 廿卅九 の十十九

自有高人相牽用　何須騎鶴上楊州
求謀难称意　諸事强支持
经過這番連底凍　梅花依旧满园生
眉兒彴　泪珠洒满妻衫袖
楊花似雪点衣衿　宇宙声中有不仁
馬陵道上孙龐聞　九里山前楚汗争
財多耗　只為鵝鵲併噪
紅日一霄昇　村中雪自消

七百一十

一　七十九千九　雷雨風飃燭影搖　妻其默默意無聊

二　夫妻硬配和琴瑟　金石無傷可到頭

三　二十八四　好景風光　柳綠桃紅物色昌

四　七十一二　一見清光戛竹　半窗明月移梅

五　四十八四　寶鏡重磨新色　逢春枯木開花

六　四十一二　花園晝長人靜　槐陰晝暖日遲

七　卅八四　水遠魚難躍　山高任鳥飛

八　廿卅九　自有天公着眼　從他雨打風吹

九　五十六二

七百二十

一　二　三　の　五　六　七　八　九

廿 ス廿　哭談終有忌　撈月手空酸

廿 二　月透九霄千里皎　凤恬四海浪涛平

卅 の三　任他高掛風帆　直到云山深处

卅 の三　淺水困蛟龍　未交運未通

の十二　白云留不住　飛落在人间

卅 の三　馬行慎踏途中井　鳥宿須防暗有弓

八十二　霜葉昔凤自落　秋云不雨生陰

廿九 廿卅　愁省到此還成皴　壮志于今惜未酬

花開逢贴雨　菓熟遇狂凤

七百三十

一　二　三　の　五　六　七　八　九

翁居虎　姑居鼠
金水之年　功名拾芥

五千九

夫七木土之年　合數
數逢花甲喜非常　忽獻蟠桃也無
母命己酉生　注定
栽培須仗陰功力　自有神仙送子來

七百四十

一　翁屬虎　姑屬羊

二　家業心田積　營謀指下成

三　母命巳亥生　註定

四　卅八七　瀲灔紅猶未綻　新楊烟雨未舒眉

五　仁心千樹杏花開　三指前人手自栽

六　母命庚戌生　先天數定

七　卯千平九　云迷月色不光明　風未寧時雨又淋

八　翁屬虎　姑屬猴

九　廿八七　未宜施有用　雖吉而云退

七百五十

一 妻命戊申生 註定

二 聞道法於鐘鼓 出歸鶯於雷風

三 母命壬戌生 注定

の

五 妻命丙戌生 注定

六 宛化 莫道圓時還有缺 須防缺处再還圓

七 翁屬兔 姑屬鼠

八 卅九年 秋風一夜至 吹落滿園花

九 翁屬兔姑屬龍 前定

七百六十

一　二　三　の　五　六　七　八　九

翁屬兔
花甲一週添八載
出入行藏礼義恭
夫妻全甲寅
〤十三の
月出齋空照碧流
夫妻全甲申
の十三の
慷飛野鶴自投籠

姑屬猴
主人精德也难留
言必溫良行必忠
註定
宴時雲鎖暗昏迷
註定
欲牵沖霄落檻中

七百七十

一 二 三 四 五 六 七 八 九

卅

又午

翁居兎　姑居犬

魚龍混意难舒　耐守空潭自有时

母命庚辰生　注定

不覺一朝頭角嶄　禹門一跳到天涯

翁居虎姑居鼠　注定

手足不停　名利自生

三子居虎　合數

翁居虎　姑居兎

七百八十

一 翁属豬 姑属馬
踪迹寄于空门 終揚眉于仙境

二 翁属豬 姑属猴

三 廿八七
東君昨夜報喜来 運氣相逢花漸開

の 紅鸞星照紅塵客 何必孤林礼佛圖

五 卅二
登山不見神仙面 莫若尋常且待时

六 夫妻今丙辰 註定

七 廿八七
有個知心尚未来 昏昏默默正徘徊

八 翁属豬 姑属犬

九 翁属豬 姑属猪

七百九十

一 卌八七 捲石揚飛看怎用 祈神修德命逐來

燕雀出巢來 自有飛騰志

二 不陰不陽暗疾 無凶無險終身

三 三の 福也齊來祿也齊 好似蜉蝣壽不齊

の 早義螽斯好 春天雨露宜

五

六 卌の三 滿園桃柳放 景色自繁華

七 五十五十九 藍袍換得祿袍新 閭里增光祿秩遷

八

九 の十九 過盡風波三兩重 看看舟楫趁東風

八百零

一 二 三 の 五 六 七 八 九

五十二

强把眉頭帶笑顏　心中煩悶不堪言

明帝王之道　應時君之聘

流年当結菓　將熟被虫傷

失祖宗之撫育　承異姓之宗祠

父母全壬申　合數

兄弟六人　樂奏几般音

花熟鮮明菓已成　風吹菓墮惹猿声

八百一十

一 二 三 四 五 六 七 八 九

六七之年美運通 安居樂業福当隆

父母己巳生 前定

枝頭结菓焰新鲜 雨驟風狂未見然

長子属猪 定數

黄門之中 独称夫子

未赴桃夭之会 先有桑中之约

枝頭结菓方青色 却恨嚴霜与恶風

喜未安穩又怨遭 花開结菓不坚牢

兄弟十四人 仝父各母生

八百二十

一　春花開發雨淹淹　秋景芙蓉分外鮮

二　掌上韜鈐寧海甸　胸中兵甲息江濤

三　祖業犹如月上弦　中秋又得復團圓

の　才德兼優　謂之俊秀

五　の十八　我心悲傷　涕泣沾衿衰老親

六　母命壬辰生　註定

七　五十九　蛟龍得水　其志乃伸

八　二十の三　流年瑞氣生　有歡得從心

九　少年黃卷潛心讀　萬里青雲路有通

八百三十

一 二 三 の 五 六 七 八 九

六十の三

卅 八十

壽元八旬外
父母全壬生

朝來暮去深山裏
守中而不失
父母壬辰生
硬命佳人方共老
瑞氣滿中庭
妻必已愁

紫來往西行
合數

落得清閑度此生
全德之人
合數
月中丹桂晚飄香
天時樂意濃
中懷鬱鬱

八百四十

一	二	三	四	五	六	七	八	九
廿 卅九		廿 四三	廿 四三			七十 八七		

翁屬虵

流年結菓在枝頭
安時而处順
前程自有吹噓客
不同之事强為同
一遇知已
晚年福祿最為先
須交四九方成業
一去不復返

牯屬鼡

忽起狂風眞可愁
得意倍尋常
金水相逢自有榮
枉費精神未有功
肝胆以知
有子須當拜聖賢
改換門庭事事新
見孫空流泪

八百五十

一　二　三　の　五　〻　七　八　九

廿八七　卅二

五雁分飛向吳越　楚天風雨自淒涼
夫妻仝丁丑　前定
夫妻仝巳亥　合數
萬紫千紅總是春　春風拂〻于云居
人逢喜氣精神爽　花遇陽春色更鮮
兄弟五人　仝母不仝父
用足錢財　惟酒怡閑懷
為人蘊藉謙和　臨事戒慎恐怖
祖宗積德在先前　平地青云自有緣

八百六十	批注	上句	下句
一	の十早九	浮弓無箭	欲射不能
二	卅八又	橘綠橙黃佳色	燕飛鶯舞时光
三	六十八七	花殘月落	木被土埋
○	廿十不日	秋到梧桐葉自凋	家园撇却教难過
五			
六		吊客来臨	当年損六親
七	二十の三		
八		燕子喃喃有好音	疾風暴雨一时傾
九		伯道無兒天意	幸逢猶子唱高歌

八百七十

一二三四五六七八九

翁屬蛇
父母庚午生
單食瓢飲
父母己酉生
翁屬蛇
卅九四十
韶華駒過隙
火星照宅

姑屬羊
前定
世君自適
前定
姑屬兔
時序水東流
取去家資

八百八十

一　謁見侯貴　有軒冕之榮

二　父母庚申生　合數

三　不求名奮登廊廟　白屋原來小富翁

の　斧鉞之威戾　凛然難犯

五　火土遇流年　入監定其真

六　廿八七　香香默默未分明　雨雨風過却妻

七　夫妻全戊子　前定姻緣

八　稼穡之事　親受其艱

九

八百九十

一 二 三 四 五 六 七 八 九

十四三　年当入泮　数定

六十九 七十　言笑未畢　憂来暴測

未經寒食花先謝　不到清明柳絮飛

十八七　原来数定不由人　定作屏风背後人

父母全已未　合数

此刻之中　金水年来定结姻

戌亥年来喜　花開结菓堅

九百零 一 二 三 の 五 六 七 八 九

夲十二
の千早九
八十二
卅の三
の千の三

文理成章人特達
硯池養就蛟龍化
無事休騎三足馬
洋洋得遂男兒志
朝暮日月駟馬過隙
白日莫閑青春不再
翁屬豬
翁成生
安而無辱

琴堂小試展顏開
筆路能通虎豹行
等閑莫踏兩頭舡
財利與心事事宜
歲短期促時難再至
失今不為何時可得
姑屬牛
姑屬馬
常享其足

九百一十

一 二 三 の 五 六 七 八 九

金水之年　休官歸梓里

十二

花開露重又垂泪　柳貲寒多似皺眉

父命縊忘　悲哀可傷

翁屬土　姑屬金

家豐業厚　戶納禎祥

官居遊擊　赫赫威風

九百二十

一 二 三 の 五 六 七 八 九

罘八七 卌六四

羊頭牛尾

安居師府擁旌旗
此命生来衣食足
重〻有喜重〻吉
江有宝珠海有大魚
我命數逢运
此數之中
申酉年来喜
其年貴顯

大稱我意

四野人民尽威惧
中年醉飽無榮辱
事〻如心事〻奇
速行前去財利有餘
妻合死青鋒
水土年来病必逢
花開结菓堅
定受紫誥之榮

九百三十

一二三の五六七八九

子十七 八七　所行有法　与衆同居

若欲向妻並向子　不傷心處也傷心

地利合天時　從此好施為

赤胆忠心　戝居將相

子十七 八七　喜得蟠宮消息至　許君高步折天梟

父母庚戌生　前定

子十七 八七　鵾鵬展翅　尋見扶搖而直上

福德穩重　夫必顯榮

九百四十

一　二　三　の　五　六　七　八　九

早年雖好中煩惱　晚景榮華福自高

卆一二　越老精神桂百倍　財源滾滾萬千金

卅卜乂日　校楚王孫空悵恨　去秦蘇子自支窮

廿八乂　父母金辛酉　前生已定

口十卆九　青龍照戶重重喜　紫燕啣泥習習春

乂十の三　月出云端傍有色　風送花裏過東風

の十口九　猿鶴啼外　壽限已阻

九百五十　六十七十九　南山松栢　常茂不落

一　蒜基旧处身难靠　别創家园富又昌

二　廿四三　東風解凍　河水東流

三　五十五四　退隱山林　得遨遊之樂意

四　四十五四　月光明处得雲黑　風入長江浪主息

五　四十八七　大器成材　一年成名之歲

六　七十六十九　花經逢雨洗　月白被云迷

七　七十六十九　知君老至精神旺　財祿從增事業昌

八　四十四三　文章超羣　高攀丹桂

九　四十二　魚躍龍門拖浪暖　身登月窟桂花先

九百六十

一 二 三 四 五 六 七 八 九

四十六二　一二　二十八七　二十卅九

龍舟搏顯位至三公　世祿久長起動安寧

金珠宝玉榮宗祖　留得高名在帝都

青松柳綠䕶喬巢　飛向青云逐碧霄

鶏方啄粟　為狐所逐

雖有閔雎之德　宜於偏室之居

流年入泮　喜氣洋洋

正道風光春景好　何期又遇杜鵑啼

長子屬犬　合數

九百七十

一 卅二 養就经编之學 翻然高跳龍门
二 不十八七 不知真性归何处 擬向行云流水中
三 の十八七 山色有情留客賞 湖光無意恶人遊
四 日十八七 碎不多时却又圓 几番折挫立身堅
五 卅二 棲枝已落 徒與陟岵之悲
六 〡十三三 出于幽谷飛上喬木 鼓其羽翼鲜光照国
七 有妻有妾 奈何育子艰难
八 能家之春 惜乎子息难生
九 の十九早 春到自然爛熳 秋来到处月光鲜

九百八十

一 二 三 の 五 六 七 八 九

卅 早午九
早午九
早午九
卅 八七

若歡向妻夫並向子

春花開処日遅遅

天之所祐

父母全辛亥

蘭玉無生

天降其祥

吟成白雪心如素

父母辛丑生

不傷心処也傷心

半夜風来苦自悲

福也加我

前定

宜嗟伯道

吉利無殃

夢到梅花清也哉

合數

九百九十

一	卄卅九	步入坦途隨已意	積白堆亥富有餘
二	卅八乂	求身進处身难处	欲自如時不自如
三	卄二	月到中天云漸開	移將花影上楼台
四	卄八乂	争訟之年	牽繫之悔
五	平八乂	安如泰山福禄屢增	雖有虎豹不致危身
大		求財獲利初难遇	中途亨通事事佳
七	卄二	兩不相和	訟事相公
八			
九	卅平九	庭前有日松云影	檻外云風竹有声

占筮類			
1	擲地金聲搜精秘訣	心一堂編	沈氏研易樓藏稀見易占秘鈔本
2	卜易拆字秘傳百日通	心一堂編	
3	易占陽宅六十四卦秘斷	心一堂編	火珠林占陽宅風水秘鈔本
星命類			
4	斗數宣微	【民國】王裁珊	民初最重要斗數著述之一；未刪改本
5	斗數觀測錄	【民國】王裁珊	失傳民初斗數重要著作
6	《地星會源》《斗數綱要》合刊	心一堂編	失傳的第三種飛星斗數
7	《斗數秘鈔》《紫微斗數之捷徑》合刊	心一堂編	珍稀「紫微斗數」舊鈔秘本
8	斗數演例	心一堂編	
9	紫微斗數全書（清初刻原本）	題【宋】陳希夷	斗數全書本來面目；有別於錯誤極多的坊本
10－12	鐵板神數（清刻足本）——附秘鈔密碼表	題【宋】邵雍	無錯漏原版秘鈔密碼表　首次公開！
13－15	蠢子數纏度	題【宋】邵雍	蠢子數連密碼表打破數百年秘傳　首次公開！
16－19	皇極數	題【宋】邵雍	清鈔孤本附起例及完整密碼表
20－21	邵夫子先天神數	題【宋】邵雍	研究神數必讀！
22	八刻分經定數（密碼表）	題【宋】邵雍	附手鈔密碼表 研究神數必讀！
23	新命理探原	【民國】袁樹珊	皇極數另一版本；附手鈔密碼表
24－25	袁氏命譜	【民國】袁樹珊	子平命理必讀教科書！
26	韋氏命學講義	【民國】韋千里	
27	千里命稿	【民國】韋千里	民初二大命理家南袁北韋
28	精選命理約言	【民國】韋千里	北韋之命理經典
29	滴天髓闡微——附李雨田命理初學捷徑	【民國】袁樹珊、李雨田	命理經典未刪改足本
30	段氏白話命學綱要	【民國】段方	民初命理經典最淺白易懂
31	命理用神精華	【民國】王心田	學命理者之寶鏡

32	命學探驪集	【民國】張巢雲	發前人所未發 稀見民初子平命理著作
33	澹園命談	【民國】高澹園	
34	算命一讀通——鴻福齊天	【民國】不空居士、覺先居士合纂	
35	子平玄理	【民國】施惕君	
36	星命風水秘傳百日通	心一堂編	
37	命理大四字金前定	題【晉】鬼谷子王詡	源自元代算命術
38	命理斷語義理源深	心一堂編	稀見清代批命斷語及活套
39-40	文武星案	【明】陸位	失傳四百年《張果星宗》姊妹篇 千多星盤命例 研究命學必備
相術類			
41	新相人學講義	【民國】楊叔和	失傳民初白話文相術書
42	手相學淺說	【民國】黃龍	民初中西結合手相學經典
43	大清相法	心一堂編	重現失傳經典相書
44	相法易知	心一堂編	
45	相法秘傳百日通	心一堂編	
堪輿類			
46	靈城精義箋	【清】沈竹礽	沈氏玄空遺珍 玄空風水必讀
47	地理辨正抉要	【清】沈竹礽	
48	《玄空古義四種通釋》《地理疑義答問》合刊	沈瓞民	
49	《沈氏玄空吹虀室雜存》《玄空捷訣》合刊	【民國】申聽禪	
50	漢鏡齋堪輿小識	【民國】查國珍、沈瓞民	
51	堪輿一覽	【清】孫竹田	失傳已久的無常派玄空經典
52	章仲山挨星秘訣（修定版）	【清】章仲山	章仲山無常派玄空珍秘 門內秘本首次公開 沈竹礽等大師尋覓一生未得之珍本！
53	臨穴指南	【清】章仲山	
54	章仲山宅案附無常派玄空秘要	心一堂編	
55	地理辨正補	【清】朱小鶴	玄空六派蘇州派代表作
56	陽宅覺元氏新書	【清】元祝垚	簡易・有效・神驗之玄空陽宅法
57	地學鐵骨秘 附 吳師青藏命理大易數	【民國】吳師青	釋玄空廣東派地學之秘
58-61	四秘全書十二種（清刻原本）	【清】尹一勺	玄空湘楚派經典本來面目 有別於錯誤極多的坊本

62	地理辨正補註 附 元空秘旨 天元五歌 玄空精髓 心法秘訣等數種合刊	【民國】胡仲言	貫通易理、巒頭、三元、三合、天星、中醫
63	地理辨正自解	【清】李思白	公開玄空家「分率尺、工部尺、量天尺」之秘
64	許氏地理辨正釋義	【民國】許錦灝	民國易學名家黃元炳力薦
65	地理辨正天玉經內傳要訣圖解	【清】程懷榮	秘訣一語道破，圖文并茂
66	謝氏地理書	【民國】謝復	玄空體用兼備、深入淺出
67	論山水元運易理斷驗、三元氣運說附紫白訣等五種合刊	【宋】吳景鸞等	失傳古本《玄空秘旨》《紫白訣》
68	星卦奧義圖訣	【清】施安仁	
69	三元地學秘傳	【清】何文源	三元玄空門內秘笈　清鈔孤本 過去均為必須守秘不能公開秘密 與今天流行飛星法不同
70	三元玄空挨星四十八局圖說	心一堂編	
71	三元挨星秘訣仙傳	心一堂編	
72	三元地理正傳	心一堂編	
73	三元天心正運	心一堂編	
74	元空紫白陽宅秘旨	心一堂編	
75	玄空挨星秘圖 附 堪輿指迷	心一堂編	
76	姚氏地理辨正圖說 附 地理九星并挨星真訣全圖 秘傳河圖精義等數種合刊	【清】姚文田等	蓮池心法　玄空六法 門內秘鈔本首次公開
77	元空法鑑批點本——附 法鑑口授訣要、秘傳玄空三鑑奧義匯鈔 合刊	【清】曾懷玉等	
78	元空法鑑心法	【清】曾懷玉等	
79	曾懷玉增批蔣徒傳天玉經補註【新修訂版原（彩）色本】	【清】項木林、曾懷玉	
80	地理學新義	【民國】俞仁宇撰	揭開連城派風水之秘
81	地理辨正揭隱（足本） 附連城派秘鈔口訣	【民國】王邈達	
82	趙連城傳地理秘訣附雪庵和尚字字金	【明】趙連城	
83	趙連城秘傳楊公地理真訣	【明】趙連城	
84	地理法門全書	仗溪子、芝罘子	巒頭風水，內容簡核、深入淺出
85	地理方外別傳	【清】熙齋上人	巒頭形勢、「望氣」「鑑神」
86	地理輯要	【清】余鵬	集地理經典之精要
87	地理秘珍	【清】錫九氏	巒頭、三合天星，圖文並茂
88	《羅經舉要》附《附三合天機秘訣》	【清】賈長吉	清鈔孤本羅經、三合訣法圖解
89－90	嚴陵張九儀增釋地理琢玉斧巒	【清】張九儀	清初三合風水名家張九儀經典清刻原本！

91	地學形勢摘要	心一堂編	形家秘鈔珍本
92	《平洋地理入門》《巒頭圖解》合刊	【清】盧崇台	平洋水法、形家秘本
93	《鑒水極玄經》《秘授水法》合刊	【唐】司馬頭陀、【清】鮑湘襟	千古之秘，不可妄傳匪人
94	平洋地理闡秘	心一堂編	雲間三元平洋形法秘鈔珍本
95	地經圖說	【清】余九皋	形勢理氣、精繪圖文
96	司馬頭陀地鉗	【唐】司馬頭陀	流傳極稀《地鉗》
97	欽天監地理醒世切要辨論	【清】欽天監	公開清代皇室御用風水真本
三式類			
98-99	大六壬尋源二種	【清】張純照	六壬入門、占課指南
100	六壬教科六壬鑰	【民國】蔣問天	由淺入深，首尾悉備
101	壬課總訣	心一堂編	過去術家不外傳的珍稀六壬術秘鈔本
102	六壬秘斷	心一堂編	
103	大六壬類闡	心一堂編	六壬入門必備
104	六壬秘笈——韋千里占卜講義	【民國】韋千里	
105	壬學述古	【民國】曹仁麟	依法占之，「無不神驗」
106	奇門揭要	心一堂編	集「法奇門」、「術奇門」精要
107	奇門行軍要略	【清】劉文瀾	條理清晰、簡明易用
108	奇門大宗直旨	劉毗	天下孤本　首次公開
109	奇門三奇干支神應	馮繼明	虛白盧藏本《秘藏遁甲天機》
110	奇門仙機	題【漢】張子房	奇門不傳之秘　應驗如神
111	奇門心法秘纂	題【漢】韓信（淮陰侯）	
112	奇門廬中闡秘	題【三國】諸葛武侯註	
選擇類			
113-114	儀度六壬選日要訣	【清】張九儀	清初三合風水名家張九儀擇日秘傳
115	天元選擇辨正	【清】一園主人	釋蔣大鴻天元選擇法
其他類			
116	述卜筮星相學	【民國】袁樹珊	民初二大命理家南袁北韋
117-120	中國歷代卜人傳	【民國】袁樹珊	南袁之術數經典

心一堂術數古籍珍本叢刊　第二輯書目

占筮類			
121	卜易指南(二種)	【清】張孝宜	民國經典，補《增刪卜易》之不足
122	未來先知秘術——文王神課	【民國】張了凡	內容淺白、言簡意賅、條理分明
星命類			
123	人的運氣	汪季高(雙桐館主)	五六十年香港報章專欄結集！
124	命理尋源	【民國】徐樂吾	民國三大子平命理家徐樂吾必讀經典！
125	訂正滴天髓徵義		
126	滴天髓補註 附 子平一得		
127	窮通寶鑑評註 附 增補月談賦 四書子平		
128	古今名人命鑑		
129-130	紫微斗數捷覽(明刊孤本)[原(彩)色本] 附 點校本 (上)(下)	馮一、心一堂術數古籍整理編校小組 整理	明刊孤本 首次公開！
131	命學金聲	【民國】黃雲樵	民國名人八字、六壬奇門推命
132	命數叢譚	【民國】張雲溪	子平斗數共通、百多民國名人命例
133	定命錄	【民國】張一蟠	民國名人八十三命例詳細生平
134	《子平命術要訣》《知命篇》合刊	【民國】鄒文耀、【民國】胡仲言 撰	《子平命術要訣》科學命理；《知命篇》易理皇極、命理地理、奇門六壬互通
135	科學方式命理學	閻德潤博士	匯通八字、中醫、科學原理！
136	八字提要	韋千里	民國三大了平命理家韋千里必讀經典！
137	子平實驗錄	【民國】孟耐園	作者四十多年經驗 占卜奇靈 名震全國！
138	民國偉人星命錄	【民國】囂囂子	幾乎包括所民初總統及國務總理八字！
139	千里命鈔	韋千里	失傳民初三大命理家-韋千里 代表作
140	斗數命理新篇	張開卷	現代流行的「紫微斗數」內容及形式上深受本書影響
141	哲理電氣命數學——子平部	【民國】彭仕勛	命局按三等九級格局、不同術數互通借用
142	《人鑑——命理存驗・命理擷要》(原版足本)附《林庚白家傳》	【民國】林庚白	傳統子平學修正及革新、大量名人名例
143	《命學苑苑刊——新命》(第一集)附《名造評案》《名造類編》等	【民國】林庚白、張一蟠等撰	史上首個以「唯物史觀」來革新子平命學結集
相術類			
144	中西相人探原	【民國】袁樹珊	按人生百歲，所行部位，分類詳載
145	新相術	【美國】字拉克福原著、【民國】沈有乾編譯	通過觀察人的面相身形、色澤舉止等，得知性情、能力、習慣、優缺點等
146	骨相學	【民國】風萍生編著	結合醫學中生理及心理學，影響近代西、日、中相術深遠
147	人心觀破術 附運命與天稟	【日本】管原如庵、加藤孤雁原著，【民國】唐真如譯	觀破人心、運命與天稟的奧妙

148	《人相學之新研究》《看相偶述》合刊	盧毅安	集中外大成，無不奇驗；影響近代香港相術名著
149	冰鑑集	【民國】碧湖鷗客	各家相法精華、相術捷徑、圖文並茂附名人照片
150	《現代人相百面觀》《相人新法》合刊	【民國】吳道子輯	失傳民初相學經典二種　重現人間！
151	性相論	【民國】余晉龢	民初北平公安局專論相學與犯罪專著（犯罪學生物學派）
152	《相法講義》《相理秘旨》合刊	韋千里、孟瘦梅	命理學大家韋千里經典、傳統相術秘籍精華
153	《掌形哲學》附《世界名人掌形》《小傳》	【民國】余萍客	圖文并茂、附歐美名人掌形圖及生平簡介
154	觀察術	【民國】吳貴長	可補充傳統相術之不足
堪輿類			
155	羅經消納正宗	【明】沈昇撰、【明】史自成、丁孟章合纂	失傳四庫存目珍稀風水古籍
156	風水正原	【清】余天藻	●積德為求地之本，形家必讀！●純宗形家，與清代欽天監地理風水主張大致相同
157	安溪地話（風水正原二集）		
158	《蔣子挨星圖》附《玉鑰匙》	傳【清】蔣大鴻等	窺知無常派章仲山一脈真傳奧秘
159	樓宇寶鑑	吳師青	陽宅風水必讀、現代城市樓宇風水看法改革
160	《香港山脈形勢論》《如何應用日景羅經》合刊		香港風水山脈形勢專著
161	三元真諦稿本——讀地理辨正指南	【民國】王元極	被譽為蔣大鴻、章仲山後第一人內容直接了當，盡揭三元玄空家之秘
162	三元陽宅萃篇		
163	王元極增批地理冰海　附批點原本地理冰海	【清】高守中　【民國】王元極	
164	地理辨正發微	【清】唐南雅	極之清楚明白，披肝露膽
165-167	增廣沈氏玄空學　附　仲山宅斷秘繪稿本三種、自得齋地理叢說稿鈔本（上）（中）（下）	【清】沈竹礽	玄空必讀經典！附《仲山宅斷》幾種鈔本及批點本，畫龍點晴、披肝露膽，道中刊印本未點破的秘訣
168-169	巒頭指迷（上）（下）	【清】尹貞夫原著、【民國】何廷珊增訂、批注	圖文并茂：龍、砂、穴、水、星辰九十九變洩漏天機：蔣大鴻、賴布衣挨星秘訣及用法
170-171	三元地理真傳（兩種）（上）（下）	【清】趙文鳴	蔣大鴻嫡派真傳張仲馨一脈二十種家傳秘本、宅墓案例三十八圖，並附天星擇日
172	三元宅墓圖　附　家傳秘冊		
173	宅運撮要	【民國】尤惜陰（演本法師）、榮柏雲	撮三集《宅運新案》之精要
174	章仲山秘傳玄空斷驗筆記　附　章仲山斷宅圖註	【清】章仲山傳、【清】唐鷺亭纂	無常派玄空不外傳秘中秘！二宅實例有斷驗及改造內容
175	汪氏地理辨正發微　附　地理辨正真本	【清】蔣大鴻、姜垚原著、【清】汪云吾發微	蔣大鴻嫡派張仲馨一脈三元理、法、訣具體泄露三百年來最佳《地理辨正》註解！石破天驚！
176	蔣大鴻家傳歸厚錄汪氏圖解	【清】蔣大鴻、【清】汪云吾圖解	
177	蔣大鴻嫡傳三元地理秘書十一種批注	【清】蔣大鴻原著、【清】汪云吾、【清】劉樂山註	

178	《星氣(卦)通義(蔣大鴻秘本四十八局圖并打劫法)》《天驚秘訣》合刊	題【清】蔣大鴻 著	江西興國真傳三元風水秘本
179	蔣大鴻嫡傳天心相宅秘訣全圖附陽宅指南等秘書五種	【清】蔣大鴻編訂、【清】汪云吾、劉樂山註	蔣大鴻徒張仲馨秘傳陽宅風水「教科書」！
180	家傳三元地理秘書十三種		真天宮之秘 千金不易之寶
181	章仲山門內秘傳《堪輿奇書》附《天心正運》	【清】章仲山傳、【清】華湛恩	直洩無常派章仲山玄空風水不傳之秘
182	《挨星金口訣》、《王元極增批補圖七十二葬法訂本》合刊	[民國]王元極	秘中秘——玄空挨星真訣公開！字字千金！
183-184	《家傳三元古今名墓圖集附謝氏水鉗》《蔣氏三元名墓圖集》合刊(上)(下)	(清)孫景堂，劉樂山，張稼夫	蔣大鴻嫡傳風水宅案、幕講師、蔣大鴻、姜垚等名家多個實例，破禁公開！
185-186	《山洋指迷》足本兩種 附《尋龍歌》(上)(下)	【明】周景一	風水巒頭形家必讀《山洋指迷》足本！
187-196	蔣大鴻嫡傳水龍經注解 附 虛白廬藏珍本水龍經四種(1-10)	【清】蔣大鴻編訂、【清】楊臥雲、汪云吾、劉樂山註	蔣大鴻嫡傳一脈授徒秘笈 希世之寶 千年以來，師師相授之秘旨，破禁公開！完整了解蔣氏嫡派真傳一脈三元理、法、訣！附已知最古《水龍經》鈔本等五種稀見《水龍經》
197	批注地理辨正直解	【清】章仲山	無常派玄空必讀經典未刪改本！
198	《天元五歌闡義》附《元空秘旨》(清刻原本)		
199	心眼指要(清刻原本)		
200	華氏天心正運	【清】華湛恩	
201-202	批注地理辨正再辨直解合編(上)(下)	【清】蔣大鴻原著、【清】姚銘三再註、【清】章仲山直解	失傳姚銘三玄空經典重現人間！名家：沈竹礽、王元極推薦！
203	章仲山注《玄機賦》《元空秘旨》附《口訣中秘訣》《因象求義》等九種合刊	【清】章仲山	近三百年來首次公開！ 章仲山無常派玄空秘密，和盤托出！ 章仲山注《玄機賦》及章仲山原傳之口訣及筆記
204	章仲山門內真傳《三元九運挨星篇》《運用篇》《挨星定局篇》《口訣篇》等合刊	【清】章仲山、柯遠峰等	
205	章仲山門內真傳《大玄空秘圖訣》《天驚訣》《飛星要訣》《九星斷略》《得益錄》等合刊	【清】章仲山、冬園子等	
206	撼龍經真義	吳師青註	近代香港名家吳師青必讀經典
207	章仲山嫡傳《翻卦挨星圖》《秘鈔元空秘旨》附《秘鈔天元五歌闡義》	【清】章仲山傳、【清】王介如輯撰	透露章仲山家傳玄空嫡傳學習次弟及關鍵不傳之秘
208	章仲山嫡傳秘鈔《秘圖》《節錄心眼指要》合刊		
209	《談氏三元地理大玄空實驗》附《談養吾秘稿奇門占驗》	【民國】談養吾撰	史上首次公開「無常派」下卦起星等挨星秘密之書
210	《談氏三元地理濟世淺言》附《打開一條生路》		了解談氏入世的易學卦德爻象思想
211-215	《地理辨正集註》附《六法金鎖秘》《巒頭指迷真詮》《作法雜綴》等(1-5)	【清】尋緣居士	集《地理辨正》一百零八家註解大成精華 匯巒頭及蔣氏、六法、無常、湘楚等秘本 史上最大篇幅的《地理辨正》註解
216	三元大玄空地理二宅實驗(足本修正版)	【民國】尤惜陰(演本法師)、榮柏雲撰	三元玄空無常派必讀經典足本修正版

217	蔣徒呂相烈傳《幕講度針》附《元空秘斷》《陰陽法竅》《挨星作用》	【清】呂相烈	蔣大鴻門人呂相烈三元秘本三百年來首次破禁公開！
218	挨星撮要（蔣徒呂相烈傳）		
219-221	《沈氏玄空挨星圖》《沈註章仲山宅斷未定稿》《沈氏玄空學（四卷原本）》合刊（上中下）	【清】沈竹礽 等	揭開沈氏玄空挨星五行吉凶斷的變化及不同用法 章仲山宅斷未刪本、沈氏玄空學原本佚文、玄空挨星圖稿鈔本 大公開！
222	地理穿透真傳（虛白廬藏清初刻原本）	【清】張九儀	三合天星家宗師張九儀畢生地學精華結集
223-224	地理元合會通二種（上）（下）	【清】姚炳奎	分發兩家（三元、三合）之秘，會通其用 詳解注羅盤（蔣盤、賴盤）；義理、斷驗俱精
其他類			
225	天運占星學 附 商業周期、股市粹言	吳師青	天星預測股市，神準經典
226	易元會運	馬翰如	《皇極經世》配卦以推演世運與國運
三式類			
227	大六壬指南（清初木刻五卷足本）		六壬學占驗課案必讀經典海內善本
228-229	甲遁真授秘集（批注本）（上）（下）	【清】薛鳳祚	明清皇家欽天監秘傳奇門遁甲 奇門、易經、皇極經世結合經典
230	奇門詮正	【民國】曹仁麟	簡易、明白、實用，無師自通！
231	大六壬探源	【民國】袁樹珊	民初三大命理家袁樹研究六壬四十餘年代表作
232	遁甲釋要	【民國】徐昂	推衍遁甲、易學、洛書九宮大義！
233	《六壬卦課》《河洛數釋》《演玄》合刊		疏理六壬、河洛數、太玄隱義！
234	六壬指南（【民國】黃企喬）	【民國】黃企喬	失傳經典 大量實例
選擇類			
235	王元極校補天元選擇辨正	原【清】謝少暉輯、【民國】王元極校補	三元地理天星選日必讀
236	王元極選擇辨真全書 附 秘鈔風水選擇訣	【民國】王元極	王元極天昌館選擇之要旨
237	蔣大鴻嫡傳天星選擇秘書注解三種	【清】蔣大鴻編訂、【清】楊臥雲、汪云吾、劉樂山註	蔣大鴻陰陽二宅天星擇日日課案例！
238	增補選吉探源	【民國】袁樹珊	按表檢查，按圖索驥：簡易、實用！
239	《八風考略》《九宮撰略》《九宮考辨》合刊	沈瓞民	會通沈氏玄空飛星立極、配卦深義
其他類			
240	《中國原子哲學》附《易世》《易命》	馬翰如	國運、世運的推演及預言